THE DEFENSE LOGIC OF

证券犯罪辩护逻辑

谢杰　叶立明　著

SECURITIES CRIME

法律出版社
LAW PRESS · CHINA
北京

图书在版编目(CIP)数据

证券犯罪辩护逻辑 / 谢杰,叶立明著. -- 北京:法律出版社,2023
ISBN 978-7-5197-8068-5

Ⅰ.①证… Ⅱ.①谢… ②叶… Ⅲ.①证券交易-金融犯罪-刑事诉讼-辩护-研究-中国 Ⅳ.①D924.334

中国国家版本馆CIP数据核字(2023)第118114号

证券犯罪辩护逻辑
ZHENGQUAN FANZUI BIANHU LUOJI

谢　杰　叶立明　著

策划编辑 冯雨春
责任编辑 冯雨春　谢瑞忠
装帧设计 李　瞻

出版发行 法律出版社
编辑统筹 法律应用出版分社
责任校对 张　颖
责任印制 刘晓伟
经　　销 新华书店

开本 710毫米×1000毫米 1/16
印张 11.25　字数 175千
版本 2023年7月第1版
印次 2023年7月第1次印刷
印刷 保定市中画美凯印刷有限公司

地址:北京市丰台区莲花池西里7号(100073)
网址:www.lawpress.com.cn
投稿邮箱:info@lawpress.com.cn
举报盗版邮箱:jbwq@lawpress.com.cn

销售电话:010-83938349
客服电话:010-83938350
咨询电话:010-63939796

书号:ISBN 978-7-5197-8068-5　定价:66.00元
凡购买本社图书,如有印装错误,我社负责退换。电话:010-83938349

作者简介

谢　杰

上海交通大学凯原法学院副教授、证券犯罪研究中心执行主任，法学博士、博士后；兼任上海汉盛律师事务所律师，上海国际经济贸易仲裁委员会（上海国际仲裁中心）仲裁员，上海期货交易所监察委员会委员，上海市法学会刑法学研究会理事，上海市律师协会刑法与刑事辩护业务研究委员会委员，广州仲裁委员会仲裁员，上海市涉案企业合规第三方监督评估机制专业人员名录库（第一批）成员等；主要研究方向为证券期货及衍生品监管、金融刑法、法律经济学等。

在International Journal of Law，Crime and Justice、《法学》、《清华法学》等SSCI、CSSCI期刊发表英文、中文论文30余篇；多篇论文被《人大复印资料》全文转载。在最高人民法院《刑事审判参考》、最高人民检察院《刑事司法指南》、《人民检察》、《检察日报》等发表法律实务论文200余篇。独著、合著“Financial Market Crime：A Legal & Economic Analysis”、“Criminal Regulation of Capital Market：Theory & Practice”、《操纵资本市场犯罪刑法规制研究》、《资本市场刑法》、《中国刑法的规范解释》、《财经犯罪刑法理论与实务》、《证券期货犯罪刑法理论与实务》、《市场滥用犯罪与刑事合规》、《内线交易犯罪刑法规制研究》、《证券合规：证券市场虚假陈述法律规制与合规风控》等英文、中文专著20余部。

作 者 简 介

叶立明

北京浩天（上海）律师事务所高级合伙人、律师，主要专业领域为涉金融及资本市场刑事业务、争议解决，二十余年金融与法律从业经验，具有基金从业资格、上市公司独立董事资格、军工涉密业务服务资格等。教育背景：上海财经大学国际经济法专业法学学士；华东政法大学经济法专业硕士；上海财经大学工商管理硕士（MBA）。著有《期货和衍生品合规法律实务与前沿问题解读》（法律出版社）、《银行业务犯罪十二讲》（法律出版社）等。

个人荣誉

2014年　中国（上海）自由贸易试验区企业服务优秀奖，中国自由贸易企业联合会2014年颁发；

2019年　上海青年律师领军人才奖，上海律师协会颁发；

2020年　第五届警察刑事执法论坛暨新型金融犯罪惩治与防范专题论文大赛三等奖|中国法学会警察法学研究会及公安部刑事执法专业委员会联合颁发；

2020年　上海市律师协会金融工具业务研究委员会2020年度优秀委员；

2021年　上海市律师协会金融工具业务研究委员会2021年度优秀委员；

2021年　上海市证券、基金、期货业调解委员会年度优秀调解员；

2022年　上海市律师协会金融工具业务研究委员会2022年度优秀委员；

2023年　《钱伯斯（Chambers）大中华区推荐律师榜单（2023）》：证券诉讼领先个人。

目　录

CONTENTS

导　论

证券犯罪案件辩护实务的逻辑进路

证券市场的发展历程是关于创新、繁荣、泡沫、危机、重建、完善的历程。在证券市场体系中，证券犯罪不仅是催生与催化市场欺诈与非理性繁荣的重要诱因，而且是证券市场风险的产物。同时，证券市场与政府调控的复杂性、金融工具的多样性、金融科技的创新性、金融法律的专业性等共同决定了证券犯罪的侦查、起诉、辩护、审判等金融司法不仅具有显著的疑难性与争议性，而且往往受到市场与社会各界的关注。

高效监管与控制证券市场中的违法犯罪的机制，是完善证券市场机制与发挥证券市场支持实体经济增长积极作用的制度基础。但是，专业的证券犯罪刑事辩护也是依法维护犯罪嫌疑人、被告人辩护权利最重要的力量。因此，如何通过公正、合理的立法、执法与司法措施提升规制证券犯罪、保护证券市场的制度效率，一直是法律与金融理论研究的重点、难点、热点问题；而如何通过专业的证券犯罪刑事辩护提升疑难、重大、复杂证券犯罪案件的控辩对抗水平，从而帮助整个金融司法系统更为公平、合法、合理、准确地发现法律事实、做出法律解释，提升合规管理水平，是金融法律服务市场亟需深刻思索的问题。

本书对该问题的反思性审视与核心意见是：以法律与金融的跨专业逻辑强化证券犯罪刑事辩护水平，有助于全方位、多层次、纵深性地从证据分析中发现法律事实、从法律解释中阐释有效辩护意见。

一、证券犯罪辩护逻辑的基础构造

证券犯罪辩护首先需要遵循刑事案件辩护的基本逻辑，即针对证据进行全面分析，在此基础上，证明指控所认定的事实存在不能排除的合理怀疑，或者证明直接对被告人、犯罪嫌疑人有利的事实。同时，针对法律适用争议问题进行刑法解释，指出指控所依据的定罪量刑规则在法律及其司法解释适用上的错误或者直接提出对被告人有利且合法合理的司法判断规则。辩护词正是从辩护律师法律文书的角度全面呈现出缜密的辩护逻辑。辩护词中提出的书面辩护意见，以证据分析为事实基础，以法律解释为规范依据，为被告人提出无罪或者罪轻辩护。辩护的逻辑需要经由书面的辩护词以正式、缜密、严谨的形式予以表达。

运用逻辑的目的在于向信息表达的接收者有效输出能够为其所接收的信息。相应地，辩护的逻辑，其核心目标价值在于向辩护意见所表达的核心对象，即作为信息接收者的法院、法庭、法官（包括陪审员），有效输出能够为其所接受的观点、意见、事实、法律依据及其论证过程，从而最终在判决书中呈现为对辩护意见的采纳。尽管在庭审中，辩护逻辑的主要展现形式是辩护人与公诉人之间的质证交锋与辩论对抗，但基于既定的控辩对抗立场以及审判机关的居中和最终裁决权，辩护逻辑所内含的有利于被告人的辩护信息，其输出对象显然主要或者完全不是检察官或者任何旁听、关注案件的人，而主要或者只能是法院、法庭、法官。法官对辩护意见的接受、判决书对辩护意见的采纳，指引着辩护逻辑的展开。这种目标价值对辩护的逻辑起着决定性、导向性作用，也是维护被告人合法权利的实用性使然。

辩护逻辑的呈现具有基本且客观的规范，但其具体的展开势必同时取决于逻辑主体即辩护人的风格与经验。本书所呈现给读者的辩护逻辑基础构造，在风格上可以概括为平实，在经验上可以概括为实用，即用平实的表达理性分析案件证据、阐述法律适用规则，以被告人合法权益为导向提出辩护意见而不夹杂任何其他无关甚至是可能引发利益冲突的意见。应当看到，不同案件的辩护意见在具体内容上不尽相同，但在基本框架上仍然可以归纳出一些平实与实用的共性结构与内容。

（一）辩护观点

辩护逻辑的核心是对辩护观点的表达与展开，所以无论是庭审中的语言表达，还是辩护词的书面陈述，都应当清晰地向法庭阐明观点。辩护观点应当紧扣案件事实与法律依据，尤其是针对检察机关的指控提出辩护观点，无罪、罪轻等辩护观点应当简洁明确。

辩护实践中会出现以下几种情形：（1）直接铺陈具体的若干辩护意见，而没有辩护观点作为统领；（2）用设问的形式概括若干辩护意见的框架，没有辩护意见作为指引；（3）使用反问的方式表达辩护观点，意图加强对指控意见的否定与强化辩护意见的力度等。

我们认为，辩护的逻辑应当以辩护观点作为开始。从逻辑的形式分析，辩护观点、辩护意见、辩护论证、辩护总结构成了完整的辩护逻辑形式，这与任何自然与社会科学命题、论证、结论的逻辑展开都是相同的。从逻辑的应用分析，辩护观点的阐明就是为了以最有效率的方式推进法院、法庭、法官接收辩护律师的信息，即辩护人所要进行的是无罪辩护还是罪轻辩护，针对检察机关指控的哪些方面持有异议，所要提出的辩护意见可以概括为什么内容。辩护观点是辩护逻辑的起点与基石。

对于如何表达辩护观点，辩护实践中应当注意避免过于简要与过于复杂两种极端模式。过于简要的辩护观点主要表现为将核心内容表述为例如“被告人陈某某无罪”这样的单调概括，没有对支撑无罪的证据要素与法律要点进行提炼。尽管法官能够在第一时间掌握辩护人采用的是无罪辩护还是罪轻辩护，但没有任何信息的辩护观点会造成信息接收者认为辩护律师观点唐突、没有事实与法律依据支撑。过于复杂的辩护观点主要表现为将具体辩护意见在辩护观点部分全面铺陈，然后在具体辩护意见的展开部分重新陈述一遍。尽管复杂且全面的辩护观点有助于信息接收者全面掌握情况，但这样严重挤占了后续辩护意见的时间与空间。尤其是在庭审中，大面积的重复甚至会导致法官以不要重复为由合理打断辩护发言，造成辩护节奏的紊乱。

我们认为，在辩护观点的具体陈述上，应当采用“法律判断＋要素支撑”的简洁、实用、完整性表达模式。一方面，在表达无罪或者罪轻意见的基础上，为辩护信息接收者提供最有效率的要素依据；另一方面，有效避免辩护观点与具体辩护意见在内容上的不必要重复。

例如，在本书“涂某操纵证券市场案”辩护意见中，我们提出的无罪辩护观点是：“现有证据无法充分且确实地证明被告人涂某伙同他人‘利用信息优势，发布不以实际实施为目的的利好公告信息，并在二级市场交易该股，操纵 HXSP 的交易价格及交易量，情节特别严重’；起诉书认定被告人涂某触犯《刑法》第 182 条之规定，涉嫌操纵证券市场罪，属于适用法律错误。”这就清晰地表明无罪辩护观点的依据是市场操纵犯罪的证据不足与具体法律条文解释上的错误。

（二）辩护结构

辩护的功能发挥有赖于合理的结构建设，即通过辩护内容的组织、架构呈现出缜密的辩护逻辑进路，使得法院、法庭、法官在有限的反应时间内有效获取有利于保障被告人权益的信息。这就要求辩护人在分析问题的过程中必须思路清晰、辩护结构层次分明、内容鞭辟入里，注意对影响全局的重要复杂疑难问题进行明确的阐述，而不是纠缠于个别无关紧要的问题。

辩护犹如建筑，其固然可以有千变万化的造型，但基于材料或者素材所进行的结构类型划分是相对固定的。建筑按照材料可以划分为钢构、混凝土结构、木结构等，相应地，辩护按照素材可以划分为程序辩护、事实（证据）辩护、法律辩护。因此，无论辩护的内容、样态、造型如何衍生与变化，辩护的结构万变不离其宗，客观上都按照程序、事实（证据）、法律层面依次展开。程序是实体定性与定量的基础；证据所证明的事实是法律适用的前提。

程序辩护（尤其是重大疑难复杂案件）主要集中在庭前会议中，在法官的主持下，辩护律师主要就相关案件中的程序性（违法）问题发表意见，提出相关程序性申请，例如回避申请、非法证据排除申请、司法鉴定申请等。对于程序性（违法）问题，如果在法官主持的庭前会议上已经形成本次审判中的裁定意见，辩护律师不宜在庭审中重复与纠缠，相关异议可以在辩护词或者相关书面意见中专门提出或者进行重申。事实（证据）辩护应当围绕证据“三性”以及证据的证明目的与内容提出有利于被告人的事实，并在辩护人认定的法律事实的基础上展开对法律以及相关司法解释的辩护。

（三）辩护意见

辩护意见是辩护逻辑的核心内容，是从不同的事实与法律层面论证辩护观点的合法性与合理性。辩护意见应当从具体案件中的疑难与争议问题出发，“就事论事”，避免无关的事实堆砌与空洞的法律理论“升华”。相关意见内容需要有效概括出有利于被告人的重要证据与事实，提出达到证据确实、充分标准的起诉事实依据，提出符合司法规则的法律解释，切忌凭空捏造、错误套用法律理论。辩护意见的语言建议平实、易懂，但不流于平庸，符合司法活动的语言习惯。

辩护观点或者总体性的辩护意见需要通过若干具体的辩护意见展开。落实到每个具体的辩护意见，无论是证据分析与事实认定，还是法律意见的解释与提出，无论是一个层次的论述，还是多个层次的推进，都应当使用简洁、确定、明晰的判断句式。

以“欧某内幕交易案”中辩护意见的节录为例：

一、起诉意见书认定的内幕信息的形成时间及其公开过程，事实不清、证据不足，适用法律错误。

……

（一）起诉意见书认定的内幕信息的形成时间及其公开过程，事实不清、证据不足；本案中的证据能够充分证明：“南方网竞转变投资策略，明确要收购业务成熟、有一定利润规模的优质游戏公司的决定”不是内幕信息。

1. 市场公开资料证明：起诉意见书认定的“南方网竞转变投资策略，明确要收购业务成熟、有一定利润规模的优质游戏公司的决定”属于公开信息，不可能构成内幕信息。

……

（2）新闻媒体报道、机构研究报告、相关上市公司股价等市场公开信息均证明：2013 年初受手游科技收购东网先锋的影响，手游领域并购已经成为热点，该信息被市场吸收。因为收购成熟企业是证券市场一直在开展的业务，只是在游戏行业手游科技开了先河，所以南方网竞基于长期的公司战略通过并购进行扩张的外延式发展机会，都是市场公开信息，不具有非公开性。

①《北京手游科技股份有限公司关于超募资金使用计划的公告》（2013年2月1日）证明：手游科技将以发行股份及支付现金方式购买动网先锋100%的股权，交易对价合计8.1亿元。该总标杆性并购对上市游戏公司外延式收购并对游戏行业（上市公司收购模式）产生重大影响。

……

上述法律辩护中的辩护意见多达5个层次，这在重大疑难复杂案件中实际上是比较常见的。但不管案件事实与法律涉及如何繁复的问题与规定，每个层次的意见都应当予以清晰地呈现。

在辩护词中，质证意见与辩护意见并不需要进行严格的区分。在证据与事实辩护中，大量的证据摘录、证据分析、证明规则解释、事实认定等完全可以在辩护词框架下进行集中展现，质证意见完全融合在证据与事实辩护意见之中。然而，由于庭审中法庭调查与辩论进行环节性区分，质证意见需要在法庭调查中集中发表，实践中往往将其限定为对证据“三性”的意见表达，往往对于辩护逻辑的推进形成了一定程度的障碍。

该问题的经验性特征集中表现为：在法庭调查过程中，法庭将举证与质证仅限定为对证据“三性”的审查，辩护律师很难对证据内容与证明目的进行阐释。而在法庭辩论中，往往会以时间有限为由压缩辩护意见的时间，导致辩护律师实际上没有或者很难对证据展开真正的有效当庭辩论。尤其是在非常疑难复杂的证券犯罪案件中，涉及专业问题的证据分析是极为复杂的，往往需要耗费一定的时间进行分析性质证，从而打破证据表面证明事实与起诉事实之间的逻辑联系，构建证据实质证明事实与辩护事实之间的逻辑关系。

解决上述辩护逻辑困境的经验在于有效区分辩护词中的证据、事实辩护意见和庭审中的质证意见、辩护意见。辩护词中的辩护意见完全可以融合质证意见（主要为证据“三性”问题）与辩护意见中的证据分析与事实认定内容，但在法庭调查的质证阶段，实践中必须区分质证意见与辩护意见，矛盾之处在于将质证意见限定于证据“三性”，等于丧失了在法庭调查环节对证据的辩护意见，而辩护意见中的分析往往是针对性极强、紧扣特定指控事实的证据分析。

在法庭调查环节针对举证的证据内容展开逐一且精准的证据辩护，其效果显然优于法庭辩论环节的融合性阐述。庭审中的解决方案是，在质证环节遵守法庭调查的基本范式，严格围绕证据发表意见，对于证据“三性”并无过多问题但证据标准、证明目的与证明内容存在较多问题的大部分情况，选择在质证环节与法庭许可的前提下高度洗练地对控方提出的证据所对应的证明目的、内容、标准提出“一句式”质疑，即用非常简洁的观点性（无论证性）陈述反驳控方证明目的与证明内容，提请法庭逐一审查，具体分析在辩护意见中予以展开。如果庭审时间充分，在后续辩论阶段可以具体分析对控方证明目的存在疑问的理由，同时注意不要重复质证意见；如果庭审时间有限只能限制于法律意见的阐述，或者因为其他原因被打断辩护意见的完整发表，按照上述做法也不会完全在证据与事实辩护阶段出现完全失守或者真空的窘境。

（四）辩护结论

辩护逻辑的终点是辩护结论，其并非简单地对辩护观点进行重申，也不是对辩护意见的堆砌与重复，而是对辩护信息的接收者，即法院、法庭、法官所表达的诉求进行简洁的归纳，实际上就是请求法庭对被告人做出无罪或者罪轻的判决。辩护结论应当明确，事实与法律逻辑应当与辩护观点保持一致性（再次注意不是内容上的重复性），相关诉求或者司法路径能够解决案件中的疑难问题，甚至能够为重大复杂疑难案件的审判工作提供一种合法且合理的出路。

二、证券犯罪的跨学科、跨专业辩护逻辑

从我国证券市场的法律体系分析，《公司法》《证券法》《证券投资基金法》《期货和衍生品法》等构成了证券市场最重要的法律规范体系。证券市场的实际运作随着借贷、证券、期货、衍生工具等金融产品的创新与市场交易技术的发展而呈现出不同的法律规则。金融法所规定的刑事罚则是对于逾越社会容许界线的犯罪行为做出的最为严厉的刑事制裁。金融刑法是对金融

交易行为自由、金融行业发展自由、公民人身自由与法人经营行为自由的最严厉的限制。证券市场法律制度在法律学科体系内的差异化专业性（金融法与刑法的专业差异）、与经济学的交织以及证券市场自身的技术性，共同决定了证券犯罪刑事辩护必须建立于法律与经济深度跨学科、跨专业解释的基础之上。

然而，传统犯罪或者一般经济犯罪辩护，不仅较难为证券犯罪行为提供一个精致且有效的辩护框架，而且难以在实体内容上做出符合市场真实现状的合法有效辩护。

其一，传统犯罪或者一般经济犯罪辩护主要聚焦于刑法与刑事诉讼法体系中的规则阐释，在结合前置性金融法律规范的特有规则进行辩护的方面，本身就具有一定困难。

其二，金融法律服务的核心是非诉讼业务和金融商事争议解决，其实践主要集中在金融商品发行与交易的法理与规则，较难兼顾证券犯罪的内容。学科知识的限制造成金融法律实务本来就已经较难阐释作为金融法律制度经济基础的证券市场以及相关金融原理，与证券市场机制相隔更远的刑事辩护法律实务在了解与解释市场问题时就会显得更为困难。

其三，传统刑事辩护基于学科限制因素难以有效传递金融与市场原理方面的信息，便可能较难契合证券市场实务操作，无法触及证券市场原理、证券犯罪机理、金融刑法本质等问题，容易导致证券犯罪辩护与真实市场发展以及趋势脱节。

从本书相关证券犯罪案件的辩护逻辑与内容来看，尝试做出以下努力：

其一，对证券犯罪案件的证据分析方式进行优化，力图在纷繁庞杂的卷宗中清晰梳理案涉行为的金融本质与法律实质，甚至在个别重大疑难案件中，探索出指控的犯罪行为以及社会危害的制度与经济根源。

其二，在证券犯罪案件实体辩护中，不仅呈现出刑法适用问题的抗辩，而且对前置性金融法律规则进行深度延伸。

其三，在证券犯罪刑事辩护中强化金融法与金融刑法的知识与信息贯通，在法律内部实现金融法与刑法之间的部门法知识沟通与流动。

其四，突破传统案件或者一般经济犯罪辩护局限于法律规范层面的解释，使用金融原理检验经济刑法解释的合理性，以经济原理分析相关金融刑法规范解释的有效性。

其五，反思经济学原理与证券市场实务对于解释证券市场犯罪行为的价值，深入案涉行为的金融机理与法律实质剖析案件的危害根源，分析证券市场刑法规范对于市场效率的影响，最终促使金融司法以法律与经济整合性的观点思考证券市场的违法犯罪问题及其对被告人、犯罪嫌疑人配置的应得刑罚或者非犯罪化措施。

证券犯罪刑事司法实践工作（侦查、起诉、审判、辩护等）在大多数情况下还是由接受过传统法律学习与训练的实务人员担任。即使在具有金融专业化办案的行政、司法机构以及律师事务所，能够均衡刑事法律适用与证券市场专业知识的人力资源仍然比较有限。从目前的现状来看，证券犯罪案件中的法律从业人员的经济与金融专业知识，似乎还是具有一定的局限性。这一定程度上源于证券犯罪理论与实践中未能合理、适量地导入经济理论，以及未充分进行资本市场实践经验的信息灌输与自主探讨。

由于金融原理、财务知识、统计工具、资本市场核心概念等方面专业知识的缺乏，司法实务人员有时可能无法辨识证券犯罪与一般财产犯罪、普通经济犯罪以及其他证券犯罪之间的实质性差异，在忽略金融商品发行与交易规则的经济基础、证券市场违法犯罪行为机理的同时，造成司法实务（侦查、审查起诉、辩护、法院判决等）趋于经验化、常识化、易受一般公众情绪影响化，脱离证券市场实际，与金融专业人员的基本判断不一致。

市场与制度、经济学与法学、金融实务与证券犯罪辩护等司法实务之间出现错位与落差的关键原因在于，目前尚未建立起一种最基本的认识——证券犯罪行为固然应当接受刑法规范的评价，但金融刑法以及相关刑事司法解释源于《公司法》《证券法》等证券市场法律规则，而这些与金融商品发行与交易有关的市场规则又源自证券市场与市场行为。因此，只有导入经济理论与证券市场实践经验，证券犯罪刑事辩护实务才有可能接近或者契合市场实际情况。

经济原理、证券市场实务操作、上市公司治理等知识与信息的导入，有助于证券犯罪辩护向裁判者传输证券市场行为在实质层面上的经济内涵，避免单一化的法律判断脱离经济基础与证券市场现实。经济原理与证券市场实务规则的引入，能够极大地丰富辩护意见中证券市场、数量经济等分析视角，有助于为金融司法裁判者提供理解证券市场行为（犯罪行为）所必备的金融逻辑基础。

三、强化证券犯罪辩护逻辑的纵深性与实效性

研究证券犯罪最为有效的方法之一是法律与经济分析方法，其实质是将法学与经济学这两门不同的学科及其研究方法整合在统一的逻辑框架下针对作为跨越法律与经济（金融）的行为或者现象——证券犯罪——进行纵深性与跨学科性的解释。证券犯罪刑事辩护实务也有必要深度运用上述方法加强辩护逻辑的纵深性。

2021 年 7 月 6 日中共中央办公厅、国务院办公厅发布《关于依法从严打击证券违法活动的意见》、2021 年 3 月 1 日《刑法修正案（十一）》正式实施、2020 年 3 月 1 日《证券法》全面推行注册制，与此同时，司法实务部门分别出台修订证券市场民事审判司法解释、证券期货犯罪刑事立案追诉标准，并在原有的内幕交易、市场操纵、利用未公开信息交易罪司法解释的基础上，进一步探索完善司法解释与裁判规则。从上述顶层政策设计、立法安排、司法动向中可以看到，证券犯罪“零容忍”、证券市场强监管的趋势，会延续相当长的时间，证券犯罪案件也会从数量相对“小众”的专业性领域，逐步发展为法律服务市场中的“热点”领域。因此，加强证券犯罪案件辩护的深入研究，不仅是理论的追求，更是实践的呼唤。本书正是着力于解决证券犯罪辩护实务问题，其中所呈现的证券犯罪案件辩护观点、意见、论证等，不局限于对相关法律条文的理解进行规范分析，或者仅仅在法律层面孤立地分析无罪、轻罪辩护，而是以案涉的证券市场与市场行为为中心，对证券犯罪行为的实质与机理展开深度解析，基于金融原理与证券市场现实特点提出辩护意见。

证券犯罪辩护需要对证券犯罪行为的经济机理与法律规制问题进行统筹与兼顾，重视金融刑法解释观点对证券市场的影响以及市场现实对证券市场法律制度的制约，同时也有必要从辩护的角度强调金融司法对于市场的现实

效果，通过经济分析工具对刑法介入的实际效果进行市场化的评价。在辩护实体效果上，确保证券犯罪辩护的法律解释观点契合被告人权益维护与真实的证券市场制度保护需求。

在证券犯罪辩护中强调法律与经济分析方法对于强化辩护逻辑纵深性的作用，是由证券犯罪这一辩护对象的现实特点所决定的，即证券犯罪问题尤为适合且极有必要重点以法律与经济分析方法进行深度解构，并且法律与经济在理论研究与实践探索领域存在明确的客观性交集。证券市场法律规范以及相关制度设计对于证券市场、金融行为、金融实务、金融参与者具有活动规范的效力与经济效益上的影响，经济、金融理论与实践的分析框架、范式、标准等能够对证券市场法律制度作用于金融领域的效用进行客观的评价与解释。

在刑事辩护中，以证券市场法律制度为框架分析作为金融问题的证券犯罪，有助于从宏观层面发现当前法律制度与金融司法实践对于保障证券市场是否具有效率，并在此基础上评估当前案件中的定罪量刑观点是否合理。以金融理论与实践为工具分析作为法律问题的证券犯罪，有助于在刑事辩护中对证券市场法律制度做出符合金融实际与金融原理的解释，促进金融司法实践对证券犯罪问题作出更为专业的解释。

本书中呈现的证券犯罪刑事辩护案例，均是直奔证券犯罪实质内涵解构与法律监管疑难问题政策、规则、改革方向重构等核心主题，并围绕执法司法实践中真实发生的重大疑难判例进行深度论证与剖析，秉持问题意识，提出实用的辩护意见与论证。

本书作者长期从事金融司法实务工作，办理了欣泰电气欺诈发行股票案、“沪港通”市场操纵案等一系列有影响的证券犯罪案件，具有丰富的金融司法实践经验。从全书的内容中可以看到，作者基于其金融司法经验，力图对证券犯罪侦查、审查起诉、控辩意见对抗、法院裁判等工作机制与程序运作进行深度分析，加深读者对证券犯罪实务问题的理解。①

---

① 本书深度分析的案例均为作者在司法实践中办理的证券期货犯罪案件。本书虽然名为“证券犯罪辩护逻辑”，但也纳入了期货犯罪案件，但由于期货犯罪案件在司法实践中数量非常稀少，故书名仍然锁定为证券犯罪，从而凸显其重点内容之所在。同时，所有案件涉及的行为主体、相关人员、地点、法律文书等信息均进行了技术处理。

关于证券犯罪辩护的探索，是一个不断完善的过程，也是一场证券市场参与者与法律领域从业人员之间的思维火花的碰撞。近几年来，本书作者就“证券市场行政监管与刑事司法”相关主题进行了百余场讲座。上述讲座的行业领域覆盖中国证券业协会、中国证券投资基金业协会、各省市直辖市律师协会、交易所、上市公司以及各大券商、从事证券业务的律师事务所等；空间上覆盖北京、上海、香港特别行政区、广东、浙江、江苏、山东、辽宁、河南、贵州、云南、甘肃、黑龙江等国内各地区，以及美国、新加坡等地区。在与各行业、各地区证券专业人士的头脑风暴中，进一步丰富了法律与金融的跨学科、跨专业视角。本书正是从这些经验、逻辑、互动中，反思证券犯罪辩护逻辑，旨在通过案例经验引导合规建设，助力中国证券法治建设。

综上所述，本书的价值在于深度反思当前证券违法犯罪案件中法律实务的具体措施，从而提升证券市场资源优化配置与市场竞争效率、投资者权益保障力度、市场流动性平衡程度，形成有效整合市场与制度、真实反映金融实务与法律实践现实需求、效率性与公平性保障兼顾的政策、原则以及规则体系。

证券市场应当在资本资源优化配置过程中起到决定性作用。但是，证券市场竞争机制并不总是处于优质运作状态，甚至时常会出现错误或者异常。市场价格变动并不总是反映真实信息或者资产基础价值——2000 年网络股泡沫破裂，2008 年全球金融危机，2010 年后美国、中国等国际主要证券市场出现的、由程序化交易引发的指数“闪电崩盘”，2013 年后由比特币等新型互联网支付与交易系统引领的互联网金融“去中心化”变革，2017 年以区块链金融为名义的代币发行乱象，2018 年 P2P 连环爆雷，2019 年私募（尤其是股权、债券领域）刑事风险，2021 年以滥用元宇宙等新型概念非法建构证券类金融工具等金融市场阶段性剧烈阵痛与崩溃，已经历史性地验证了人类行为的固有缺陷与制度安排的既有局限对证券市场资源错配或者非效率性配置所产生的真实的、实质性的影响。证券市场投资（投机）行为内含的非理性因素与外部性的金融违法犯罪行为，都是市场繁荣与萧条这一非线性轮回系统中的重要构成。

基于上述刑事辩护的基本逻辑结构（辩护观点、辩护结构、辩护意见、辩护结论)，以及证券犯罪刑事辩护的特有方法与规则，我们精选了近十年来承办的重大、疑难、复杂、新型证券犯罪案件，以辩护律师最为重要的书面工作——辩护词为核心，紧紧围绕作为刑事辩护核心问题的证据与法律，从事实逻辑与法律逻辑出发，尝试还原最为真实的证券犯罪辩护实务，同时提炼刑事程序法律与实体刑法规则的理论要义。本书中的相关案件覆盖了虚假陈述、操纵证券市场、内幕交易、证券期货类非法经营等司法实践中多发、常见、重要且在法律适用层面存在诸多争议的证券犯罪行为类型。相关辩护词充分运用证据规则认定事实，深入阐释金融刑法原理，提出辩护意见，依法维护被告人合法权益。我们期待能够为读者们提供一种关于证券犯罪辩护逻辑的实践经验分享与金融刑法理论探索。

应当看到，本书作为一种研究，显然也有其局限性，但其透过证券犯罪案件中的刑事辩护工作，探索证券犯罪实质，对其内在机理进行深度解构，尝试从外部性的法律制度切入，洞察内部性的市场行为缺陷，实属当前刑事辩护理论研究与实务亟须突破的方向。本书作者期待今后能够在这一领域继续深入探索，从法律与金融的跨界互动中，助力中国金融法治建设。

第一章

内幕交易犯罪核心疑难问题的司法认定

——欧某内幕交易案辩护意见

[辩护逻辑]

并购策略变化与具体收购行为属于本质上不同的两种信息，因此在认定内幕交易形成时间时亦应当注意两者区分，具体收购行为适当提前延伸的形成时间不应当与并购策略变化信息的形成时间相混淆。内幕信息的形成是一个从萌芽、发展到最终确定的动态过程，当内幕信息发展到具有重大性的时点即内幕信息的形成时间。在上市公司收购进程中判断信息重大性时，要关注上市公司收购行为的不确定性对信息重大性的影响。收购事项发展到实质操作阶段是内幕信息具备重大性的核心时间节点，其具体表现为并购拟交易主体就位。需要特别关注上市公司收购系列信息对于收购一方证券市场价格影响这一特殊情形下内幕信息重大性的判断。

[案情]

侦查机关认定：深圳南方网竞互动网络股份有限公司（以下简称南方网竞）上市后制定了以对中小网游团队进行“孵化型”投资为主的“聚宝计划”。2012 年底，受北京手游科技股份有限公司（以下简称手游科技）收购海口网动能量网络科技公司事件的启发，南方网竞决定转变投资策略，由原来的初创型孵化投资转向收购业务成熟、有一定利润规模的优质游戏公司，并基于当时游戏市场环境和发展态势，确定了标的公司类型：不考虑客户端游戏公司、网页游戏公司，只考虑名气大规模大的业内重点公司，以手游公司为收购重点。

2013 年 2 月 21 日，南方网竞董事长陈某 1、董事会秘书甑某、手游部门负责人冯某 1 与宇宙证券有限责任公司（以下简称宇宙证券）樊某（手游科技项目经办人）、郑某在深圳会面，洽谈推进收购事宜，实现迅速扩大规模、占领市场的战略目标。提出聘请宇宙证券作为南方网竞收购行动的财务顾问，希望其推荐标的公司，并约定双方共同对潜在标的公司进行考察。

2013 年 3 月 26 日，南方网竞与宇宙证券签署《保密协议》。

南方网竞以收购为目的，先后与江苏伊乐网络科技有限公司、上海英雄网络科技有限公司、上海美乐数码科技有限公司（以下简称上海美乐）、深圳市哲磨科技有限公司（以下简称深圳哲磨）等 17 家公司进行了不同形式的接触、谈判。

2013 年 8 月 7 日，南方网竞发布重大事项停牌公告，并于 2013 年 8 月 14 日正式公告收购上海美乐 51% 股权，现金收购总价款为 35, 700 万元；收购深圳哲磨 51% 股权，现金收购总价款为 8746. 50 万元。

南方网竞转变投资策略，明确要收购业务成熟、有一定利润规模的优质游戏公司的决定，属于《证券法》第 67 条第 2 款第 2 项（已被修改）规定“公司的重大投资行为和重大的购置财产的决定”的重大事件。该信息公开前属于《证券法》第 75 条第 2 款第 1 项（已被修改）规定的内幕信息。内幕信息形成时间不晚于 2013 年 2 月 21 日，公开于 2013 年 8 月 14 日。

陈某 1 作为南方网竞的董事长、总经理，主要负责并参与了南方网竞投资战略转变以及收购优质游戏公司事宜，属于《证券法》第 74 条第 1 项规定的内幕信息知情人。

2013 年 3 月 6 日，信桦基金管理有限公司基金经理何某、研究员陈某 2 带欧某到南方网竞调研，陈某 1 与欧某见面，并一起吃饭。欧某向陈某 1 询问公司发展计划，陈某 1 表示创业板只有手游科技和南方网竞两家专业手游公司，游戏产业发展很快、市场容量很大，但由于国家的产业政策，新游戏公司上不了市，在这个背景下有大量的手游公司盼望手游科技或南方网竞对他们进行并购，南方网竞由此具备了一个天时地利的外延式发展机会，即通过并购进行扩张。陈某1称，基于南方网竞的行业地位和国家产业政策限制，南方网竞在并购中具有很强的溢价收购能力。陈某1还介绍了南方网竞的投资战略变化，表示南方网竞正在接触洽谈一些标的公司，要把南方网竞做到1000亿的市值，在这个过程中，会使用较多的收购、兼并方式。通过这次调研，欧某还得知南方网竞账上有4个多亿现金，完全具备收购能力。

此后，2013年4月至6月间，欧某与陈某1频繁联络、接触。其间，欧某长住深圳深航酒店，与陈某1数次见面，通过陈某1了解到南方网竞收购手机游戏公司事项进度。5月月初会面中，欧某询问陈某1南方网竞近期的并购举措。6月份会面中，欧某询问陈某1四亿募集资金和2.5亿公司债用途。5月14日欧某发给陈某1的短信中，欧某建议陈某1"借鉴华谊兄弟收购蓝港在线的经验"，陈某1在短信回复中明确表示收购会加快速度进行。

陈某1在笔录中表示，"后来深交所给我们公司发异动账户自查名单，我发现有大量的湖南账户买入南方网竞股票，我很生气，就再也没跟他联系过"。为此，欧某于2013年6月25日给陈某1的亲笔信中说："以我的判断，市场正在进行一次血腥的下跌。基于以上判断，我已决定从明天起出局，退出。好在我涉此不深，成本不高，现在出局，还不致亏钱。""说实在的，在前一阶段南方网竞的市值增长过程中，我还是起了一点作用的。"

欧某称，正是通过3月6日的这次调研，其有了购买"南方网竞"的决策。

2013年4月至7月间，欧某控制"欧阳某1""龚某""张某1""谢某""毛某""杨某""夏某""贺某""张某2""周某""肖某1""彭某""李某1""卜某"14个证券账户（以下简称账户组），欧某做出交易决策，主要通过万某军和欧阳某1下单交易，在内幕信息公开前，累计买入"南方网竞"12,570,116股，买入金额319,690,795.3元，实际获利197,188,114.7元。

经查，欧某买入"南方网竞"的资金，一部分为以900万元资金作为本金，按照1∶1的比例从财富证券配资1000万元，合计2000万元（其900万元本金来自于妹妹欧阳某1和欧阳某2两栋房子抵押贷款800多万元和个人筹款）；从万某处借款 400 万元；从段某处以配资名义借款 3000 万元；以段某的部分借款作为本金按照 1∶2 的比例从文某处配资 4000 万元，以上合计 9400 万元。

证券账户组多数属于新开立账户（共 8 个账户），开户时间与内幕信息形成、变化时间相一致。融券、杠杆配资、抵押房产融资的时间与内幕信息形成、变化时间相一致。欧某开始买入“南方网竞”时间与内幕信息形成、变化时间相一致，卖出时间与内幕信息公开时间相一致。在内幕信息公开前，欧某突击调入资金，利用多个账户巨量买入同一只股票，决策果断，买入意图明显，交易行为明显异常。

[辩护意见主文]

起诉意见书认定事实不清、证据不足，适用法律错误，请求贵院依法对本案做出不起诉决定。

具体事实与理由如下：

一、起诉意见书认定的内幕信息的形成时间及其公开过程，事实不清、证据不足，适用法律错误

起诉意见书认定：南方网竞转变投资策略，明确要收购业务成熟、有一定利润规模的优质游戏公司的决定，属于《证券法》第 67 条第 2 款第 2 项规定“公司的重大投资行为和重大的购置财产的决定”的重大事件。该信息公开前属于《证券法》第 75 条第 2 款第 1 项规定的内幕信息。内幕信息形成时间不晚于 2013 年 2 月 21 日，公开于 2013 年 8 月 14 日。

辩护人认为：

本案中相关认定函、询问笔录、情况说明、协议等一系列证据证明，起诉意见书中“内幕信息形成时间不晚于 2013 年 2 月 21 日”的认定，证据不足、与事实不符。

根据《证券法》第 67 条、第 75 条以及相关司法解释的规定，“南方网竞转变投资策略，明确要收购业务成熟、有一定利润规模的优质游戏公司的决定”，并不属于《证券法》第 67 条第 2 款第 2 项（已被修改）规定“公司的重大投资行为和重大的购置财产的决定”的重大事件；该信息并不属于内

幕信息。

起诉意见书中的内幕信息内容及其形成时间认定，明显适用法律错误。

（一）起诉意见书认定的内幕信息的形成时间及其公开过程，事实不清、证据不足；本案中的证据能够充分证明："南方网竞转变投资策略，明确要收购业务成熟、有一定利润规模的优质游戏公司的决定"不是内幕信息

1. 市场公开资料证明：起诉意见书认定的"南方网竞转变投资策略，明确要收购业务成熟、有一定利润规模的优质游戏公司的决定"属于公开信息，不可能构成内幕信息。

（1）《深圳南方网竞互动网络股份有限公司 2012 年度报告》（2013 年 2 月 27 日）证明：南方网竞具有充足的现金实施并购战略，向"网页游戏""手机游戏"等业务领域进行战略调整。南方网竞在本案中欧某所涉及的交易行为发生之前，早已全面披露了其"千亿市值"、"四横一纵"战略、募集资金、现金流等情况。启动收购成熟游戏公司策略，进行外延式发展投资方向的转型，是过去"聚宝计划"公告的延伸。公司公开的战略本身就是以兼并、收购为内容的，从收购一些小公司到收购一些有一定利润规模的公司的变化，仍然是公开信息的组成部分，不具有非公开性。

《2012 年年报》（摘录）：

第四节董事会报告

……

二、报告期内主要经营情况

……

4. 公司竞争能力重大变化分析（《2012 年报》第 17 页）

……

（7）较为充裕的现金储备，为公司快速实现自身的规模化运营以及业内并购举措，提供了强有力的资金后盾；这在某种意义对于公司和市场对于企业发展的高速率需求，是非常良性的助推能量。

……

三、公司未来发展的展望（《2012 年报》第 24 页）

公司的愿景是：打造世界领先的互动娱乐航母。公司的使命是：让游戏更好玩，让玩家更快乐。年营收十亿、利润十亿、市值千亿，是我们对于企业理想的坚持、也是我们不懈努力的奋斗方向。“四横一纵”的业务战略布局，正是为这个目标孕育而生的。我们相信，坚持这条发展路线，在不断扩充横纵交叉的业务线的同时，夯实自身的运营基础、完善自身的服务体系，定会给投资市场、广大用户带来更具竞争力的行业品牌和优质服务。

公司发展战略是：制定并坚持在未来二至三年内以“大型客户端游戏”、“网页游戏”、“手机游戏”、“社交平台”与“海外业务”构建的“四横一纵”业务战略布局为着眼点，在不断加强公司风险控制能力的基础上，持续提升公司在各条主干业务线的产品研发能力和综合运营能力，构建全球化的货币支付体系，抢占未来互娱领域的行业制高点，实现以“信息交互源”为基础的虚拟互娱平台运营模式，积累优质的产品品牌资源和全球用户资源，将公司逐渐带入全球化运营的全新行业格局当中。

根据公司战略发展总体规划，公司未来 1～3 年的主要经营计划如下：

1. 产品研发与运营计划

根据行业变化趋势以及公司发展战略的调整，公司针对“大型客户端游戏”“网页游戏”“手机游戏”“社交平台”等各项业务，均进行了方向性调整，在“精细化经营市场用户”的运营理念指导下，更加重视互娱领域细分市场的构成和业务经营。“全端化”即同一产品的跨硬件平台的经营模式，将是 2013 年公司重要的发展和尝试方向。预计在 2013 年，公司为实现上述经营模式，在技术领域、运营环节投入更多的资源，打造优质的“全端化”系列产品线。

2. 并购战略实施计划

报告期内公司在高度把控风险的前提下继续以稳健的方式推进对外并购战略。2013 年公司的外研子公司将推出多款游戏产品。同时公司将继续实施对外投资的开展，针对“端游运营”的平台化需求、“手游”运营的渠道需求，以及细分市场经营对优质产品的运营需求，一方面加强对优质平台以及渠道、优秀制作团队的搜寻与评估；另一方面加强在现行机制下对现有团队，以及子公司经营结构、项目管理和财务监督等方面的制度化完善。以实现在控制风险的前提下，加快构建公司的业务经营格局。

（2）新闻媒体报道、机构研究报告、相关上市公司股价等市场公开信息均证明：2013 年初受手游科技收购网动能量的影响，手游领域并购已经成为热点，该信息被市场吸收。因为收购成熟企业是证券市场一直在开展的业务，只是在游戏行业手游科技开了先河，所以南方网竞基于长期的公司战略通过并购进行扩张的外延式发展机会，都是市场公开信息，不具有非公开性。

①《北京手游科技股份有限公司关于超募资金使用计划的公告》（2013 年 2 月 1 日）证明：手游科技将以发行股份及支付现金方式购买网动能量 100% 的股权，交易对价合计 8.1 亿元。该标杆性并购对上市游戏公司外延式收购对游戏行业（上市公司收购模式）产生重大影响。

②长江证券研究员肖某 2 研究报告《手游科技：内生增长迅速继续关注收购进程》（2013 年 2 月 3 日）证明：手游科技引领的通过收购成熟游戏厂商实现快速增长代表了一种上市游戏公司收购的可行性。此种收购模式引发市场广泛关注，同属游戏行业上市公司的南方网竞具有重要的预期效应。

③上海证券报文章《手游科技高买网动能量获认可页游公司成香饽饽》（2013 年 2 月 6 日）证明：手游科技收购网动能量，立即引发市场对南方网竞进行相同类型收购的猜测。

④手游科技、南方网竞 2013 年 2 月至 3 月的股价证明：手游科技发布收购网动能量信息、股东会决议后股价暴涨（2013 年 2 月）；南方网竞在 2 月 5 日开始股价跟随同行业对标股票手游科技上涨。可见，市场中的价格信号也同步印证，市场普遍认为南方网竞对标手游科技会对成熟、高利润的游戏公司进行收购。

（3）南方网竞实际控制人陈某 1 公开言论证明：南方网竞负责人公开谈论公司通过并购扩张抓住行业转型机遇、正在接触收购标的公司等内容。

这就可以印证，并购成熟游戏公司策略本身是“四横一纵”等战略（公开信息）的有机组成部分。具体而言，在当时的特定时间节点，上市游戏公司收购手游业务就是市场热点所在，也是市场完全可以预期的事情。因此，对于南方网竞这家上市公司而言，原则性的并购策略等并不具有构成内幕信息的客观基础，只有特定（目标公司确定之后）的收购行为、收购事项，才可能构成重大事件；在重大信息形成之后、未公开之前，才可能构成内幕信息。

陈某1在ChinaJoy产业高峰论坛的演讲（摘录）

> 去年下半年，我与公司的全体高管层一起，针对行业的发展趋势、公司的业务状况和自身资源体系，通盘考虑，指定了符合我们自身发展的中长期战略规划，暨“四横一纵”的战略体系，构建了由“客户端游戏”“网页游戏”“手机游戏”“移动社交平台”四条横向平行业务线与“海外拓展”这一纵向业务线的交叉的经营格局。……我们也在积极、密切地接触健康良性的标的。我在此也可以开诚布公地说，我们未来的并购行为，就是为了能够把握住这次行业变革带给我们的转型机遇。
>
> ……整个行业也处于一个快速的变革状态，只要有变革，就一定能形成一个新的市场格局，就一定存在很多异军突起的可能性，一定存在扭转乾坤的契机。我们也会通过这次行业的变革来塑造自己的业务体系，积极寻找转型的正确方向，实现在这个变革当中的一个完美蜕变。从去年下半年我们公司的全体高管就一起对行业做了发展趋势的判断，中国的业务状况和本身资源通盘考虑以后，设计出了中长期的规划，就是四横一纵的体系。四条横向平行的业务线与海外拓展这一纵向的业务交叉的布局，在经营层面上我们贯彻精细化的运营和IT化运营的两个基本思路。其实有非常多的朋友都给过我类似的建议，建议公司应该抓住机会，全力搞手游，但我们的团队还是比较辩证地看这个问题。客户端游戏依然可以提供比较稳定的营收，网页游戏的用户量同样也不错。
>
> ……

> 为了更多地吸引优秀的团队，我们也在积极、密集地接触健康良性的标的，我在此也可以开诚布公地说，南方网竞未来行动就是为了能够把握住这次行业变革带给我们的转型机会。

（4）《深圳南方网竞互动网络股份有限公司关于变更部分募集资金投资项目及用募集资金和自有资金收购上海美乐数码科技有限公司51%股权的公告》证明：该宗收购与《2012年报》中的战略规划、并购计划等完全契合，是市场公开信息所明示的并购战略的具体实现。收购包括手游公司在内的优质游戏公司是南方网竞公司公开信息中的既定目标，该收购完成就是这一目标的实现。这都证明“明确要收购业务成熟、有一定利润规模的优质游戏公司的决定”不可能构成内幕信息。此外，该收购公告证明，该收购事项属于上市公司重大事件，与该特定收购事项有关的信息形成之后才可能成为内幕信息，所谓收购策略不可能成为内幕信息。

该公告摘录：

> 七、投资该项目的必要性、可行性
>
> （一）必要性
>
> 公司本次收购的美乐数码是国内最早涉足手机网络游戏开发及运营的公司之一，通过自主研发先后推出了包括《开天Q传》《上古Ⅱ》《上古世界》《叮叮堂》《君王》《君王Ⅱ》等知名手机游戏，目前有多款手机游戏产品运营。本次收购完成后，公司在手机游戏研发、发行、运营方面的业务实力将得到较大增强，具体体现为：
>
> 第一，有利于完善公司的业务产品体系，以增强公司综合竞争实力
>
> 本次收购交易完成后，公司可获得美乐数码已投入运营的全部手机游戏和正在研发中的手机游戏，特别是美乐数码的大作《君王Ⅱ》将弥补公司当前手游无大作的现状，另外美乐数码的多款不同种类的游戏也将大大丰富公司的业务产品体系。
>
> 第二，有利于发挥双方优势，以促进公司业务发展
>
> 美乐数码作为国内较大的手机游戏开发运营商，具有一定的行业地位

和市场影响力，具有人才、平台及经营模式的先发优势；同时，美乐数码具备较强的手机游戏研发能力与手机游戏的发行能力，使得其在手机游戏领域具有较强竞争力。本次收购交易完成后，公司可获得美乐数码优秀的手机游戏研发团队、运营团队，公司手机游戏产品的研发、运营实力将得以提升；同时公司将利用多年网游运营优势提高美乐数码在运营、宣传方面的能力，使美乐数码的业务未来发展空间更加广阔。

……

因此，本次交易有利于完善公司的业务产品体系、发挥双方优势以及提高公司的盈利能力，将为公司股东带来持续、良好的投资回报。

(5) 深圳证券交易所网站查询材料证明：从 2013 年 8 月 14 日公告内容来看，上市公司重大事件为对外投资，内幕信息为南方网竞收购上海美乐。这就从内幕信息公开时间、内幕信息的内容等角度证明，行政处罚书认定的内幕信息及其形成时间，没有事实与证据基础。

2. 南方网竞公司内部人员、内幕信息的知情人员的证言均能够互为印证，起诉意见书认定的信息并非内幕信息。

(1) 南方网竞实际控制人陈某 1 上述多次询问笔录、讯问笔录均直接证明：

①在实体内容上，南方网竞转变投资策略，选择收购业务成熟、有一定利润规模的优质游戏公司，是过往已经公告的公司战略的延续，不构成公司的重大事件。

②在公司程序上，此类对外投资策略系以南方网竞公司的陈某 1、甑某、冯某 1 等人非正式地交流意见，既未经董事会研究，也未在南方网竞日常的核心管理层会议上讨论（有对应时段的会议记录为证），更不存在上报交易所的问题。此类对外投资策略等信息根本就不可能称为公司层面的决策或者决定。接触宇宙证券的目的是想了解手游科技收购的经验，寻求中介机构的合作可能性，事后实际上也并未启动任何收购事项上的合作（没有签署合同）。

③真正可能构成内幕信息且保密的应当是与特定收购事项有关的重大未公开信息，即南方网竞收购上海美乐该特定事项（收购行为），其形成时间

为内幕信息形成时间。

（2）南方网竞副总经理甑某证言证明：

①2012 年下半年受到手游科技收购行为的影响，一时收购成熟游戏公司成为游戏行业上市公司标杆。这种具体的收购模式实际上是符合南方网竞公司的收购战略的，并将这种模式、策略统一纳入了《2012 年报》的公开信息中予以披露。

②内幕信息知情人员保密承诺书等证据实际上真正确立了内幕信息的性质、内容及其形成时间，但是，该协议的时间签署过程中存在严重不合规，行政调查过程中出现明显瑕疵，导致真正的与特定收购事项有关的内幕信息及其形成时间的认定存在重大事实不清、证据不足。

③南方网竞接洽、拟收购的目标公司的推荐均来源于公司自有信息资源以及卖方中介；南方网竞成功收购上海美乐和深圳哲磨由陈某 1 的同学张某 3 推荐；南方网竞自始至终没有聘请宇宙证券担任财务顾问，相关收购方案并未由宇宙证券制作。宇宙证券后续并未给公司推荐合适并购标的；宇宙证券是手游科技的并购财务顾问，和南方网竞之间有信息保密的冲突，最后根本没有担任南方网竞的财务顾问。南方网竞公司与收购有关的任何事项均与宇宙证券没有任何关联度。南方网竞人员与宇宙证券人员的首次接触、首次会议不可能成为内幕信息的生成起点。

④2013 年 2 月 21 日是南方网竞表达聘请宇宙证券担任财务顾问的意向、首次接洽见面的时间，属于寻找合作机会，主观上没有任何人认为这是内幕信息的起始时间，客观上该时间点也不可能构成内幕信息的形成时间。从发展阶段上分析，无论对于南方网竞还是财务顾问，都处于非常初步地就聘请财务顾问问题表达意向环节。表达意向与并购行为、购置资产等实质事项相差甚远。更为重要的是，从信息内容角度分析，与上市公司收购有关的目标公司、交易方式、价格、工作方案等任何要素均未成型。在没有目标公司的情况下，上市公司与买方财务顾问不可能展开任何形式的合作。

（3）南方网竞投资总监冯某 1 的证言证明：

①南方网竞对外收购的整个过程，包括初步搜索目标公司、尽职调查、确定谈判主体、磋商、确认交易合约等环节。所以，内幕信息就是上市公司

南方网竞收购（对外投资），内幕信息形成时间应该是确定目标公司（上海美乐），签订保密协议之日；本案中的内幕信息不是收购决策，形成时间不能提前至决策形成或者明显对外（对券商）表现之时。

②冯某 1 的证言与其他人员的证言、资本市场常识等都可以印证，上市公司（南方网竞）收购成熟企业做大做强（南方网竞市值千亿目标），一直就是证券市场中所有上市公司都在做的事情，只是游戏行业在当时对手游科技的收购首开先河（标杆式的并购案例），但正是手游科技收购案例所呈现的模式与特点及其影响，意味着游戏行业上市公司下一步的可预期方向就是收购成熟游戏公司，所以，这就证明所谓的收购成熟游戏公司这种并购策略本身就是市场热点，认定其属于内幕信息并无事实与证据基础。

③内幕信息知情人员保密承诺书实际上真正确立了内幕信息的性质、内容及其形成时间，但是，该协议的时间签署过程中存在严重不合规，行政调查过程中出现明显瑕疵，导致真正的与特定收购事项有关的内幕信息及其形成时间的认定存在重大事实不清、证据不足。

④南方网竞公司实际上在 2013 年 1 月就已经执行收购成熟公司的具体行动了，即 2013 年 1 月就开始接触江苏易乐，所以在这个时间节点，上市公司重大事件（收购行为）已经处于一个发展的进程之中，只是还没有具备重大性（内幕信息尚未形成）。所以，在 2013 年 1 月南方网竞公司收购成熟游戏公司行为已经启动的情况下，仍然认定 2013 年 2 月 21 日南方网竞公司对外收购成熟游戏公司决定形成，显然存在重大的逻辑错误。

（4）南方网竞证券事务代表李某 2 的证言证明：

①案涉内幕信息就是上市公司南方网竞收购上海美乐；

②内幕信息形成时间应当是内幕知情人员保密承诺书签署之日；

③保密承诺书落款时间的签署存在补签、倒签、推断等违规，导致签署时间（内幕信息形成时间）的认定存在明显的事实不清、证据不足。

（5）时任南方网竞公司财务总监黎某的证言证明：案涉有关上市公司重大事件应当是上市公司对外收购行为；涉案内幕信息应当是南方网竞收购上海美乐这一特定收购事项；涉案内幕信息形成时间应当是该特定事项具备重大性之时。

3. 与南方网竞公司相关收购有关的外部人员的证言均能够互为印证，起诉意见书认定的信息并非内幕信息。

（1）宇宙证券工作人员樊欣证言证明：

①以手游科技收购模式为代表的游戏行业上市公司巨资收购成熟的游戏公司已经是市场公开热点。

②南方网竞千亿市值、并购战略等市场公开信息与大手笔收购策略完全吻合，并不存在重大未公开信息形成问题。

③南方网竞管理层认为手游科技收购模式影响大且很成功，意图进行复制，这本身并非重大事件。

④南方网竞管理层与券商就收购意图进行接洽的初次见面时间也并非内幕信息形成时间。

⑤真正属于重大事件的收购进程中，与特定收购目标公司有关的任何具体业务活动中，并无宇宙证券任何参与，这就证明南方网竞与宇宙证券首次接洽的 2 月 21 日这个时间点根本不属于内幕信息形成时间。

⑥行政调查中证监会并未对樊欣这一关键证人进行调查取证。

（2）宇宙证券工作人员郑俊（樊欣上级）的证言，与樊欣互为印证，证明：并购策略转变为收购成熟游戏公司并非内幕信息；特定收购事项（南方网竞收购上海美乐）构成内幕信息；内幕信息形成时间的认定应当基于特定收购事项的特点予以确定。

（3）易乐公司董事长冯某 2 的证言，易乐公司总经理郝某的证言，江苏易乐网络科技有限公司提供的书证（刑事调查卷第四卷第 128 ~ 144 页）等均互为印证：

①南方网竞与易乐公司于 2013 年 1 月、2 月就已经执行收购行动，初步接洽后，由于完全不具备交易条件与可行性，无法实质性启动收购事项，不存在内幕信息及其形成问题。故特定收购事项才是内幕信息。

②认定的南方网竞收购成熟公司的决定的时间晚于南方网竞开始执行收购事项的时间，完全不符合重大事件进程的基本常识与时间先后逻辑。

（4）王某 1（英雄公司 CEO）和赵某 1（英雄公司 COO）证言均证明：

①南方网竞与英雄公司初步接洽后，由于完全不具备交易条件与可行性

（互相想收购对方，目的完全相反），无法实质性启动收购事项，不存在内幕信息及其形成问题。

②特定收购事项才是内幕信息；南方网竞通过收购战略目标指向千亿市值是南方网竞实际控制人及其公开信息明确披露的公开内容，收购策略本身不可能成为内幕信息。

（5）李某3（上海美乐董事长）刑事调查询问笔录、出具的情况说明、电子邮件记录及笔记本复印件（刑事调查卷第五卷第13～19页、第九卷第141～222页）等系列证据证明：

①南方网竞对外收购是上市公司重大事件，南方网竞收购上海美乐该特定事项构成内幕信息。内幕信息形成时间应当根据该特定收购事项予以确定。

②保密承诺书中的时间等重大问题存在事实不清。

（6）王某2刑事调查询问笔录（刑事调查卷第五卷第20～26页）、张某4刑事调查询问笔录（刑事调查卷第五卷第27～34页）、林某刑事调查询问笔录（刑事调查卷第五卷第35～45页）、王某3刑事调查询问笔录（刑事调查卷第五卷第46～51页）等上海美乐（被收购方）关联人员的证言证明：

①案涉内幕信息是南方网竞收购上海美乐该特定收购事项。

②内幕信息形成时间应当基于该特定收购事项予以确定。

③保密承诺书时间的认定，事实不清、证据不足，严重影响本案行政处罚的合法性与公平性。

（7）张某3（陈某1南方网竞收购上海美乐中间人）证言证明：

①案涉内幕信息是南方网竞收购上海美乐。

②该收购事项开始时间为保密承诺书签订时间，该时间应当是内幕信息形成时间。

③由于上市公司保密信息管理不合规，调查过程中出现瑕疵，导致内幕知情人员保密承诺书的时间确认事实不清、证据不足。

4. 本案中的书证证明：起诉意见书认定内幕信息内容与形成时间错误。

（1）出差旅行记录（冯某1、甑某等，2013年5月28日，上海美乐）、出差申请表（冯某1，2013年5月28日至29日）、住宿费情况说明、住宿费发票（冯某1、甑某等，2013年5月28日至29日）、航班信息（冯某1、甑某等，2013年5月28日，深圳－上海）等书证证明：南方网竞工作人员与上海美乐初步接触商谈并购意向最早时间为2013年5月28日；保密承诺书签署日期不早于5月28日；本案起诉意见书内幕信息及其形成时间的认定，事实不清、证据不足。

（2）南方网竞与上海美乐《保密协议》（事后手填日期：2013年4月25日；实际日期：不早于2013年5月28日）、南方网竞与上海美乐相关人员签署的保密承诺书（事后手填日期：2013年4月25日；实际日期：不早于2013年5月28日）、意向性协议（2013年7月25日）、股权转让框架协议（2013年8月13日）、股权转让协议（2013年8月13日）、公告（2013年8月14日）等书证证明：

①案涉内幕信息应当是南方网竞收购上海美乐该宗重大收购事项。

②调查过程中对于关键事实出现重大认定错误。保密文件的签署时间为事后手填日期：2013年4月25日；根据相关人员的证言陈述，保密文件的实际日期：不早于2013年5月28日。

③案涉内幕信息形成与公开过程应当是：初步确定收购目标，即确定交易主体（保密协议签订）——收购磋商——意向性协议——股权转让协议——公告。

④内幕信息形成时间事实不清。按照时间推断，内幕信息形成时间不早于2013年5月28日，但这种时间推断并不能作为认定案件关键问题的事实依据。

⑤与南方网竞收购上海美乐和深圳哲磨等重大对外投资行为有关的一系列证据证明，重大且未公开的收购信息最终均与宇宙证券以及南方网竞和宇宙证券的上述接洽并无任何关联。

5. 在有关的刑事司法程序与行政处罚程序中，就欧某涉案的内幕信息及其形成时间问题出具的多份前后矛盾的认定意见，能够清晰证明：市场公开的南方网竞以并购为重要组成部分的公司战略与非公开的南方网竞重大收购事项属于截然不同的两种信息，前者为市场公开信息，后者为内幕信息。以南方网竞停牌且复牌后公开披露的重大收购事项内容及其时间为基准，可以确认内幕信息的形成时间不是2013年2月21日。起诉意见书中关于内幕信息及其形成时间的认定意见，将市场公开信息（并购战略）与内幕信息（上市公司重大收购事项）混为一谈。

具体而言，广东省珠海市人民检察院提供法庭审判所需证据材料通知书、公安部证券犯罪侦查局《关于商请对“11.27”专案有关专项进行审核认定的函》（2014年5月26日）、证监会稽查总队《〈关于商请对“11.27”专案有关事项进行审核认定的函〉的复函》（2014年5月26日）、珠海市公安局经济犯罪侦查支队《关于协调中国证监会对“11.27”专案相关问题作出行政认定的请示》（2014年8月15日）、证监会《关于“11.27”专案有关问题的认定函》（2014年9月17日）、广东省珠海市人民检察院不起诉决定书（珠检公诉刑不诉〔2015〕4号）、第一次行政处罚事先告知书（处罚字〔2017〕67号）（2017年6月2日）、第二次行政处罚事先告知书（处罚字〔2018〕159号）（2018年12月24日）、起诉意见书（2019［75］号）等一系列文件证明：

（1）内幕信息及其形成时间认定存在重大的争议（事实不清、证据不足、法律适用争议），行政监管部门、公安机关、检察机关在办理案件过程中客观上出现了不同的认定与意见。

（2）刑事诉讼程序中，欧某出具的认定意见前后出现多次反复、矛盾。

（3）案件中的重大事实不清，尤其是南方网竞收购上海美乐的保密承诺书签订时间等问题，直接影响内幕信息及其形成时间的事实认定。

（4）基于内幕信息及其形成时间问题的事实不清、证据不足，司法机关作出不起诉决定；这实际上已经证明，本案中关于所谓收购战略转变的信息属于内幕信息，2月21日南方网竞与券商接洽属于内幕信息形成时间等问题的认定，存在明显的事实不清、证据不足，不能据此认定内幕信息及其形成时间，起诉意见书作出的认定没有事实与证据基础。

（5）在刑事诉讼程序结束之后，在欧某的行政处罚程序中，欧某出具的法律文件中的认定意见继续出现反复、矛盾。

（6）这些争议与矛盾意见可以证明，市场公开的南方网竞以并购为重要组成部分的公司战略与非公开的南方网竞重大收购事项属于截然不同的两种信息，前者为市场公开信息，后者为内幕信息。以南方网竞停牌且复牌后公开披露的重大收购事项内容及其时间为基准，可以确认内幕信息的形成时间不是2013年2

月21日。起诉意见书中关于内幕信息及其形成时间的认定意见，混淆了市场公开信息（并购战略）与内幕信息（上市公司重大收购事项）。

6. 起诉意见书将本案的内幕信息公开时间界定为2013年8月14日，结合“内幕信息知情人表”“内幕信息知情人保密承诺书”等证据，实际上证明本案的内幕信息内容应当是上市公司南方网竞进行重大收购行为（南方网竞收购51%上海美乐和深圳哲磨的股份），该内幕信息的形成时间应当是该特定收购事项动议、决策、执行等初始时间。

南方网竞公司的“内幕信息知情人表”中，明确登记了知情人员和对应的内幕信息，表中仅有“公司拟非公开发行债券”“收购上海美乐股权”两项内幕信息，无其他内幕信息。“内幕信息知情人保密承诺书”承诺保密的内幕信息表中仅有“拟向特定对象非公开发行债券事项”和“拟收购上海美乐数码科技有限公司股权事项”，无其他内幕信息。而2013年2月21日的时间点生成的信息内容与上述内幕信息内容完全无关。

相应地，起诉意见书认定的内幕信息公开时间，反证南方网竞转变投资决策为收购决定且有规模的优质游戏公司这样的信息不是内幕信息，内幕信息的形成时间也不可能是与特定收购事项关联性不强、连接点不足的2013年2月21日。

具体而言，广东省珠海市人民检察院提供法庭审判所需证据材料通知书、公安部证券犯罪侦查局《关于商请对“11.27”专案有关专项进行审核认定的函》（2014年5月26日）、证监会稽查总队《〈关于商请对“11.27”专案有关事项进行审核认定的函〉的复函》（2014年5月26日）、珠海市公安局经济犯罪侦查支队《关于协调中国证监会对“11.27”专案相关问题作出行政认定的请示》（2014年8月15日）、证监会《关于“11.27”专案有关问题的认定函》（2014年9月17日）、广东省珠海市人民检察院不起诉决定书（珠检公诉刑不诉〔2015〕4号）、第一次行政处罚事先告知书（处罚字〔2017〕67号）（2017年6月2日）、第二次行政处罚事先告知书（处罚字〔2018〕159号）（2018年12月24日）、起诉意见书（2019［75］号）等一系列文件证明：

（1）内幕信息及其形成时间认定存在重大的争议（事实不清、证据不足、法律适用争议)，行政监管部门、公安机关、检察机关在办理案件过程中客观上出现了不同的认定与意见。

（2）刑事诉讼程序中，欧某出具的认定意见前后出现多次反复、矛盾。

（3）案件中的重大事实不清，尤其是南方网竞收购上海美乐的保密承诺书签订时间等问题，直接影响内幕信息及其形成时间的事实认定。

（4）基于内幕信息及其形成时间问题的事实不清、证据不足，司法机关作出不起诉决定；这实际上已经证明，本案中关于所谓收购战略转变的信息属于内幕信息，2 月 21 日南方网竞与券商接洽属于内幕信息形成时间等问题的认定，存在明显的事实不清、证据不足，不能据此认定内幕信息及其形成时间，《起诉意见书》作出的认定没有事实与证据基础。

（5）在刑事诉讼程序结束之后，在欧某的行政处罚程序中，欧某出具的法律文件中的认定意见继续出现反复、矛盾。

（6）这些争议与矛盾意见可以证明，市场公开的南方网竞以并购为重要组成部分的公司战略与非公开的南方网竞重大收购事项属于截然不同的两种信息，前者为市场公开信息，后者为内幕信息。以南方网竞停牌且复牌后公开披露的重大收购事项内容及其时间为基准，可以确认内幕信息的形成时间不是 2013 年 2 月 21 日。起诉意见书中关于内幕信息及其形成时间的认定意见，混淆了市场公开信息（并购战略）与内幕信息（上市公司重大收购事项）。[①]

---

① **参考：在刑事司法与行政处罚程序中关于欧某案涉内幕信息及其形成时间的认定意见汇总**

序号	认定（函）内容
1	“2013 年 8 月 14 日，南方网竞发布拟以现金 3. 57 亿元收购上海美乐 51% 的公告。该事项在未公开披露前属于《证券法》规定的内幕信息，敏感期为 2013 年 4 月 25 日至 8 月 13 日，陈某 1 为内幕信息知情人。”
2	“南方网竞…公司收购业务成熟、有一定利润规模的优质游戏公司的信息，在公开披露前属于《证券法》规定的内幕信息；内幕信息的敏感期为 2013 年 2 月 21 日至 8 月 14 日。陈某 1、甑某、冯某 1 知悉该内幕信息，属于《证券法》规定的内幕信息知情人类别。（上述意见，供贵部在办理 11. 27 专案时使用）”

（二）起诉意见书认定的内幕信息及其形成时间，适用法律错误

1. 起诉意见书认定的所谓内幕信息，即“南方网竞转变投资策略，明确要收购业务成熟、有一定利润规模的优质游戏公司的决定”，明显不具有非公开性，不能认定为内幕信息。

南方网竞公司年报等市场公开信息，已经全面披露了其“千亿市值”、“四横一纵”战略、募集资金、现金流等情况。启动收购成熟游戏公司策略，进行外延式发展投资方向的转型，是过去“聚宝计划”公告的延伸，无需再次公告。因为“聚宝计划”等公司战略本身就是以兼并、收购为内容的，从收购一些小公司到收购一些有一定利润规模的公司的变化，仍然是公开信息的组成部分，不具有非公开性。当年受手游科技收购网动能量的影响，手游领域并购也已经成为热点被市场吸收。因为收购成熟企业是证券市场一直在开展的业务，只是在游戏行业手游科技开了先河，所以南方网竞基于长期的公司战略通过并购进行扩张的外延式发展机会，都是市场公开信息，不具有非公开性。

2. 起诉意见书认定的所谓内幕信息，即“南方网竞转变投资策略，明确要收购业务成熟、有一定利润规模的优质游戏公司的决定”，明显不具有重大性，不能认定为内幕信息。

起诉意见书认定的“策略”，既不是“并购方案”，也不是“投资行为”和“置产决定”，这种所谓策略在基本定位上就不属于《证券法》规定的重

（接上页）

续表

序号	认定（函）内容
4	南方网竞2013年8月14日公告的拟收购上海美乐51%股权事项，为《证券法》第67条第2款第2项规定的“公司的重大投资行为和重大购置资产的决定”。在南方网竞发布上述公告前，该信息属于《证券法》第75条第2款第1项规定的内幕信息。内幕信息形成于2013年4月25日，陈某1等人为内幕信息知情人
5	南方网竞转变投资策略，明确要收购业务成熟、有一定利润规模的优质游戏公司的决定，属于《证券法》第67条第2款第2项规定的“公司的重大投资行为和重大购置资产的决定”。该信息公开前属于《证券法》第75条第2款第1项规定的内幕信息。内幕信息形成时间不晚于2013年2月21日，公开于2013年8月14日

大事件。同时，“策略”仅是董事长、董秘、部门副职三人连会议记录都没有的碰头会的讨论结果，未经董事会或股东会正式决策程序审议，在程序上不是归属于公司层面的任何形式的决定、行为，因而不具有重大性，不具备成为“公司的重大投资行为和重大的购置资产的决定”必要的构成条件。实际上本案中认定的所谓购买资产决定根本没有任何“决定”。

即使将时间推进到南方网竞接触各类游戏公司的节点，这些信息同样并未具备重大性。2013 年 2 月 21 日之前以及之后相当一段时间，事实上南方网竞公司除上海美乐和深圳哲磨外，还接触过江苏易乐、上海英雄、沈阳 07073、上海慕和等十五家企业，都未确定任何收购目标，远未形成收购方案，不存在任何收购意向。这段时间对于上市公司而言，就是在市场中寻找目标公司的过程。收购标的、时间、价格、方式等均处于极为不确定的状态。一方面，这种收购策略、以收购为目的的接触等信息已经为市场所吸收；另一方面，至少在未锁定收购目标并签署重大事项收购保密协议、内幕信息知情人员登记信息、保密承诺等之前，此类信息因不具备重大性而不能认定为“公司的重大投资行为和重大的购置资产的决定”。

3. 起诉意见书关于本案内幕信息的内容及内幕信息形成时间的论证存在明显的逻辑紊乱与法律适用错误。

（1）重大投资行为与重大购置财产决定的混淆、前后矛盾。

起诉意见书先是认为，“南方网竞转变投资策略，明确要收购业务成熟、有一定利润规模的优质游戏公司的决定，属于《证券法》第六十七条第二款第二项规定‘公司的重大投资行为和重大的购置财产的决定’的重大事件”。这显然是将信息内容的基本定位确认为重大资产购置决定。但起诉意见书随后又认为，“南方网竞的收购行为属于《证券法》规定‘公司的重大投资行为和重大的购置财产的决定’的重大事件。该信息公开前属于《证券法》规定的内幕信息……”，这显然混淆了重大投资行为与重大资产购置决定的界限。重大投资行为是指公司进行数额较大的投资、对有较大影响的项目进行投资或者对公司的经营将产生重大影响的项目进行投资等行为。重大的购置财产的决定是指公司作出的、以较大数额的资金去购买、置备某一财产的决定或者购买、置备某一有较大影响的财产的决定。起诉意见书的这种概念混淆与前后矛盾，实际上导致其认定的所谓内幕信息本身前后存在严重的不一致性。

（2）不同信息内容的互为混同、逻辑断裂。

起诉意见书在论证内幕信息的内容及内幕信息形成时间问题时认为：南方网竞转变以“孵化型”投资为主的“聚宝计划”投资策略，由原来的初创型孵化投资转向收购业务成熟、有一定利润规模的优质游戏公司，聘请收购财务顾问推荐标的公司，并约定双方共同对潜在标的公司进行考察。南方网竞先后与上海美乐、深圳哲磨等17家公司进行了不同形式的接触、谈判，最终成功收购上海美乐51%股权、深圳哲磨51%股权。南方网竞的收购行为属于《证券法》规定“公司的重大投资行为和重大的购置财产的决定”的重大事件。该信息公开前属于《证券法》规定的内幕信息，具有未公开性，并非通过公开渠道可获取的信息，与南方网竞在2011年、2012年年报中披露收购意图有着本质的区别。

起诉意见书中的上述前两句陈述，包含了截然不同的两组信息内容：①第一句是南方网竞收购策略的信息；②第二句是南方网竞收购事项的信息。而起诉意见书中的第三句陈述，实际上是将第二句中的收购事项（收购上海美乐行为）认定为重大未公开信息（内幕信息），与第一句陈述中的收购策略完全无关。起诉意见书强行将收购策略信息混同纳入收购事项这一内幕信息范畴，不仅造成法律逻辑断裂，而且导致将非内幕信息形成时间认定为内幕信息形成时间的错误法律判断。

（3）内幕信息内容的认定规则与内幕信息形成时间认定规则的适用脱节。

根据《最高人民法院、最高人民检察院关于办理内幕交易、泄露内幕信息刑事案件具体应用法律若干问题的解释》第5条第3款规定，影响内幕信息形成的动议、筹划、决策或者执行人员，其动议、筹划、决策或者执行初始时间，应当认定为内幕信息的形成之时。陈某1系南方网竞控股股东、实际控制人、董事长，对内幕信息的动议、策划、决策等确实有足够的影响力。但起诉意见书不能基于上述司法解释规定以及陈某1的职务身份及其影响力，就认为“2013年2月21日应当认定为内幕信息的形成之时”。因为适用该司法解释条款以及基于陈某1的动议、策划、决策等影响力判断内幕信息形成时间的基础是“内幕信息”。而起诉意见书所概括的事实——“2013年2月21日，南方网竞董事长陈某1、董事会秘书甑某等人与宇宙证券工作人员开会洽谈推进收购事宜。为实现南方网竞迅速扩大规模、占领市场的战略目标，会上，陈某1提出南方网竞有意收购成熟的、有规模的和有利润贡献的游戏公司，希望聘请宇宙证券做本次收购的财务顾问，双方约定对潜在标的公司进行考察。”——本质上都是隶属于公开的公司战略信息（收购策略），并不符合《证券法》重大事件与内幕信息的规定。所以，基于南方网竞实际控制人对收购策略的动议、决策、执行等影响，只能将相关时间认定为收购策略的初始时间，而非内幕信息的形成时间。

内幕信息的认定包含内容与形成时间两个实体法律判断，两者是前后承接的协调规则、逻辑统一，不应当错位。本案中涉及的内幕信息既然定位为“公司的重大投资行为和重大的购置财产的决定”，内幕信息的内容显然应当表现为上市公司做出的重大收购事项。“南方网竞转变投资策略，明确要收购业务成熟、有一定利润规模的优质游戏公司的决定”显然不属于上市公司重大收购事项，因而基于这个错误的内幕信息内容去套用内幕信息形成时间规则“影响内幕信息形成的动议、筹划、决策或者执行人员，其动议、筹划、决策或者执行初始时间，应当认定为内幕信息的形成之时”，当然得出错误的内幕信息形成时间认定结论。可见，起诉意见书的错误在于，将南方网竞实际控制人与收购策略有关的动议等直接认定为内幕信息的形成时间，但内幕信息的内容应当是保密的收购事项而非公开的收购策略。实际上，只有基于特定的重大收购事项的实际控制人动议等才能界定为内幕信息的形成时间。

二、起诉意见书认定的欧某与南方网竞董事长联络接触情况，事实不清、证据不足，适用法律错误

（一）起诉意见书认定南方网竞董事长陈某1属于内幕信息知情人员的信息基础错误

起诉意见书认定：陈某1作为南方网竞的董事长、总经理，主要负责并参与了南方网竞投资战略转变以及收购优质游戏公司事宜，属于《证券法》

第 74 条第 1 项规定的内幕信息知情人。

上述认定存在以下错误：

（1）在内幕信息认定部分，起诉意见书将信息内容界定为转变投资“策略”，而在联络接触认定部分，又将内幕信息内容替换为投资“战略”转变。这不仅存在信息概念随意替换问题，而且将作为公开信息的战略等同于内幕信息，显然属于适用法律错误。

（2）在内幕信息认定部分，起诉意见书从未将收购事项界定为内幕信息，而在联络接触认定部分，又将“收购优质游戏公司事宜”作为内幕信息处理，前后明显矛盾。

内幕信息知情人员的界定标准为“内幕信息”＋“知情人员”。陈某 1 作为南方网竞的董事长、总经理，固然可以概括认为其对于上市公司南方网竞的重大事项全面知情，但特定内幕信息的内容及其时间区间才真正决定了与其联络接触人员的法律风险与责任。所以，在具体的内幕信息内容都没有充分证据予以确认、完整的逻辑予以界定的情况下，起诉意见书联络接触认定的后续部分实际上均不可能做到事实清楚、证据确实充分、适用法律准确。

（二）起诉意见书关于 2013 年 3 月 6 日南方网竞调研的认定，事实不清、证据不足

起诉意见书认定：2013 年 3 月 6 日，信桦基金管理有限公司基金经理何某、研究员陈某 2 带欧某到南方网竞调研，陈某 1 与欧某见面，并一起吃饭。欧某向陈某 1 询问公司发展计划，陈某 1 表示创业板只有手游科技和南方网竞两家专业手游公司，游戏产业发展很快、市场容量很大，但由于国家的产业政策，新游戏公司上不了市，在这个背景下有大量的手游公司盼望手游科技或南方网竞对他们进行并购，南方网竞由此具备了一个天时地利的外延式发展机会，即通过并购进行扩张。陈某 1 称，基于南方网竞的行业地位和国家产业政策限制，南方网竞在并购中具有很强的溢价收购能力。陈某 1 还介绍了南方网竞的投资战略变化，表示南方网竞正在接触洽谈一些标的公司，要把南方网竞做到 1000 亿的市值，在这个过程中，会使用较多的收购、兼并方式。通过这次调研，欧某还得知南方网竞账上有 4 个多亿现金，完全具备收购能力。

1. 欧某并没有实施任何询问行为。

参加研讨会议的甑某、何某、陈某 2、肖某 2 等人的笔录均能证实，欧某在调研时一言不发。欧某自始都是一个被动接受信息的旁听者，其所获取信息的唯一来源就是陈某 1 的主动介绍，不存在起诉意见书所称的“欧某向陈某 1 询问公司发展计划”这样的情况。

2. 该次调研中交流的内容均为市场公开信息，并不涉及任何内幕信息。

（1）2013 年 11 月 5 日陈某 1 向稽查大队提交的关于陈某 1 和欧某的交往情况说明显示：“整个调研过程主要内容均为行业及公司业务模式及战略规划等相关内容。未提交任何超出信息披露范围的敏感信息……本人与欧某往来期间，无论电话、短信、面谈均未提及任何与南方网竞相关的内幕信息。”同时，陈某 1 在该说明中要求做补充笔录，客观反映真实情况。

（2）南方网竞关于陈某 1 董事长接待调研参加活动未超出信披范围的书面说明材料，能够与上述证据互为印证。

（3）陈某 1 在刑事程序中的相关讯问笔录亦证明：该次调研的主要内容均为行业及公司业务模式及战略规划等相关内容，未提及任何超出信息披露范围的敏感信息。

3. 根本不存在欧某通过该次调研获取南方网竞收购能力相关信息的问题。

起诉意见书认定，“通过这次调研，欧某还得知南方网竞账上有 4 个多亿现金，完全具备收购能力”。这一认定完全不符合事实与逻辑。实际上，2013 年 2 月 27 日披露的《2012 年报》不仅详细披露了公司的现金流情况，同时也清晰披露了南方网竞的募集资金余额情况，根本不需要欧某通过调研打探公司资金与收购能力等信息。

《2012 年报》（摘录）：

募集资金总体使用情况说明

截至 2012 年 12 月 31 日，公司对募集资金项目累计投入人民币 341,875,587.25 元，其中：公司于募集资金到位之前利用自有资金先期投入募集资金项目人民币 27,161,557.50 元；2010 年 3 月 1 日起至 2012 年 12 月 31 日止会计期间使用募集资金人民币 314,714,029.75 元。本年度使用募集资金人民币125,584,508.00元。截至2012年12月31日，募集资金存放期间产生专用账户利息收入净额为人民币37,831,083.33元（扣除相关的手续费和账户维护费），2012年12月31日，募集资金余额为人民币406,710,496.08元。

（三）起诉意见书关于2013年3月6日南方网竞调研之后欧某与南方网竞实际控制人接触联系情况的认定，事实不清、证据不足

1. 调研之后欧某与南方网竞实际控制人的数次见面均未涉及收购事项的信息。

起诉意见书认定：此后，2013年4月至6月间，欧某与陈某1频繁联络、接触。其间，欧某长住深圳深航酒店，与陈某1数次见面，通过陈某1了解到南方网竞收购手机游戏公司事项进度。5月月初会面中，欧某询问陈某1南方网竞近期的并购举措。6月份会面中，欧某询问陈某1四亿募集资金和2.5亿公司债用途。

然而，陈某1、欧某等人的笔录均证明，欧某和陈某1见面并未有任何关于收购事项内容的沟通。事实上，关于南方网竞进行并购的信息，早已见诸南方网竞公告，资金实力同样属于公司公开信息，对从事股票交易多年的欧某而言根本不需要通过见面、接触、联系等方式进行获取。相关人员的笔录显示，2013年3月6日调研之后，欧某与陈某1的会面，主要谈及电广传媒增发的问题及宝德科技回归A股的问题，甚至都没有涉及南方网竞公司的任何信息。

2. 2013年5月14日的短信沟通并不涉及内幕信息的交流。

起诉意见书认定：5月14日欧某发给陈某1的短信中，欧某建议陈某1"借鉴华谊兄弟收购蓝港在线的经验"，陈某1在短信回复中明确表示收购会加快速度进行。

从本案中的相关短信证据、笔录中可以看到，实际情况是，欧某向陈某1发短信："华谊兄弟按手游科技方法，吸收兼并蓝港在线！"陈某1回复："呵呵，所有要快，等不了。"收到短信，陈某1还将短信转发给甑某。

对此，陈某1在笔录中表示，"不认为这条短信有什么价值"，"没有什么特别意义"。甑某在笔录中也认为，"陈某1发这个短信给我的原因，我觉

得就是告诉我外界的一些传言”。同时，周治安股票账户（被认定为欧某实际控制）交易记录显示，欧某卖出南方网竞股票，买入了华谊兄弟股票，并最终亏损200余万元。

可见，上述证据证明：欧某向陈某1发送短信并非沟通内幕信息，而是交流华谊兄弟的市场传闻，因为欧某在此期间正在交易“华谊兄弟”股票。起诉意见书对短信内容的解读存在误差。相应地，陈某1把短信转给甑某，印证这不涉及内幕信息。

3. 2013年6月25日信件是欧某对南方网竞实际控制人的信息单向输出，不仅不存在接触联系获取内幕信息问题，而且信件内容反而证明欧某交易南方网竞股票并非基于内幕信息。

起诉意见书认定：陈某1在笔录中表示，“后来深交所给我们公司发异动账户自查名单，我发现有大量的湖南账户买入南方网竞股票，我很生气，就再也没跟他联系过”。为此，欧某于2013年6月25日给陈某1的亲笔信中说：“以我的判断，市场正在进行一次血腥的下跌。基于以上判断，我已决定从明天起出局，退出。好在我涉此不深，成本不高，现在出局，还不致亏钱。”“说实在的，在前一阶段南方网竞的市值增长过程中，我还是起了一点作用的。”

（1）陈某1所称的“生气”实际上没有任何证明上的意义。因为陈某1对于前来公司调研的投资者购买股票本身必然存在预期。上市公司调研等投资者关系行为本质上都是希望投资者购买并持有上市公司股票、对上市公司有信心。陈某1生气的缘由并不在于购买股票本身，而是在于交易所发现账户异动会给上市公司及其个人带来麻烦。

（2）欧某写信给南方网竞实际控制人陈某1是欧某在输出信息而非获取信息。作为股民，欧某与实际控制人、大股东等内部人士交流（尤其是主动信息输出行为）本身并未被法律禁止。欧某“准备退出”等表述，充分体现了其作为投资者的焦虑心理，能够证明其买入行为并非基于利好内幕信息，而是基于市场风险的判断。

（3）信件的时间为2013年6月25日，实际上已经是南方网竞重大收购事项进入关键阶段的时间点。如果欧某知悉内幕信息，也不会表现得如此焦虑，更不会做出卖出决策。

(4) 欧某所称“市值贡献”同样并无任何证明意义。作为投入相当资金购买南方网竞公司股票的“牛散”，显然对于上市公司的市值增长具有客观贡献。而这些事实均与证明对象、证明内容（接触联系、异常交易等）并无实质关联。

（四）起诉意见书所认定的事实反而能够证明欧某购买南方网竞股票的行为并非基于其与南方网竞实际控制人接触联系而获取的内幕信息

起诉意见书认定，欧某称，正是通过 3 月 6 日的这次调研，其有了购买“南方网竞”的决策。

欧某的相关笔录以及陈某 1 及其妻子张某 4 等人的笔录均能够证明：欧某通过该次调研了解的是南方网竞实际控制人的性格、人格，其购买南方网竞股票决策的最终确立来源于对陈某 1 为人的认可，以及该次调研中直观感受到的公司战略（有别于阅读年报等公开市场信息的间接体验）。

同时，既然起诉意见书确认欧某购买决策来源于这次调研，而上述证据均已证明该次调研中沟通的都是公开信息而非内幕信息，因此，这就已经证明欧某所从事的股票交易并非基于内幕信息。

（五）本案中有大量且充分的证据均能够做出对陈某 1 有利的证明结论：所谓收购成熟游戏公司不是内幕信息；在与欧某的联络接触中并没有泄露内幕信息

1. 陈某 1 的证言证明：

(1) 所谓收购策略转型之时，由于收购策略信息并非内幕信息，在此阶段陈某 1 并不构成内幕信息知情人员，便无从证明内幕信息在陈某 1 与欧某之间的传递问题。

(2) 南方网竞收购上海美乐的收购事项开始之时，陈某 1 才构成内幕信息知情人员，而该阶段，陈某 1 与欧某之间并不存在与内幕信息有关的信息传递关系。

(3) 作为信息来源端，陈某 1 在与欧某接触过程中，并未交流任何内幕信息；陈某 1 与欧某往来期间沟通的与南方网竞相关的信息，均为公司在包括首次公开募股（IPO）、定期报告及相关公告等文件中披露的公开信息，没有任何超出信息披露范围的未公开信息及其他内幕信息，在见面、电话中聊的是宝德科技转 A 股事宜以及电广传媒定向增发等与内幕信息无关的问题。

（4）欧某通过 3 月 6 日的调研了解的是南方网竞实际控制人的性格、人格，其购买南方网竞股票决策的最终确立来源于对陈某 1 为人的认可，以及该次调研中直观感受到的公司战略（有别于阅读年报等公开市场信息的间接体验）。

2. 欧某笔录中的陈述证明：

（1）欧某在与陈某 1 接触过程中，所获悉的信息均为市场公开信息，欧某与陈某 1 的沟通内容均属于正常范畴。

（2）欧某从事相关交易行为均基于市场公开信息与热点题材（游戏行业上市公司并购热点），以及接触陈某 1 过程中，对其个人性格与南方网竞公司战略的认可。

3. 欧某给陈某 1 的手写信件（刑事第二次补充侦查卷第 90 ~ 93 页）证明：欧某纠结与沉重的心态表明，其并未获取南方网竞内幕信息，其交易也并没有基于内幕信息。

（1）欧某写信给南方网竞实际控制人陈某 1 是欧某在输出信息而非获取信息。作为股民，欧某与实际控制人、大股东等内部人士交流（尤其是主动信息输出行为）本身并未被法律禁止。欧某“准备退出”等表述，充分体现了其作为投资者的焦虑心理，能够证明其买入行为并非基于利好内幕信息，而是基于市场风险的判断。

（2）信件的时间为 2013 年 6 月 25 日，实际上已经是南方网竞重大收购事项进入关键阶段的时间点。如果欧某知悉内幕信息，也不会表现得如此焦虑，更不会做出卖出决策。

（3）欧某所称“市值贡献”同样并无任何证明意义。作为投入相当资金购买南方网竞公司股票的“牛散”，显然对于上市公司的市值增长具有客观贡献。而这些事实均与证明对象、证明内容（接触联系、异常交易等）并无实质关联。

4. 共同出席 2013 年 3 月 6 日调研的信桦基金公司人员何某、陈某 2，长江证券研究员肖某 2 等人证言证明：

（1）欧某与陈某1在接触过程中并无内幕信息的传递。

（2）该次调研中，出席会议人员就南方网竞通过并购同行优质公司取得外延式增长，并正在按照“手游科技”2012年的并购逻辑接触相关公司，从而实现“四横一纵”战略等问题，进行了充分的信息沟通与交流。

（3）诸如“南方网竞转变投资策略，明确要收购业务成熟、有一定利润规模的优质游戏公司的决定”此类信息，属于公开信息、行业认知、资本市场中的常识判断，符合市场专业人士的普遍预期，根本就不构成内幕信息。

5. 南方网竞实际控制人妻子、公司董事张某4的证言印证，欧某并非基于内幕信息实施交易，而是基于对游戏行业的分析、上市公司战略的认可、上市公司实际控制人风格、人格的确信从事相关股票交易。

6. 关于陈某1与欧某的交往情况说明、南方网竞关于董事长陈某1先生接待调研及参加活动未超出信披范围的书面说明材料证明：

（1）欧某与陈某1在接触联系中，并未交流任何内幕信息。

（2）陈某1披露的均属于市场公开信息。

（3）陈某1明确提出，在调查过程中的部分表述错误，并不存在内幕信息被无心利用的情况，因为事实上在与欧某的接触联系中根本不存在内幕信息的内容交流。

7. 甑某的证言也能够印证，欧某在与陈某1的接触、联系过程中并未非法获取内幕信息。

三、起诉意见书认定的内幕交易情况，事实不清、证据不足，适用法律错误。

（一）起诉意见书对于欧某所谓的“交易行为异常”的整体认定，事实不清、证据不足

起诉意见书认定：欧某控制证券账户组交易“南方网竞”行为异常。在内幕信息公开前，欧某突击调入资金，利用多个账户巨量买入同一只股票，决策果断，买入意图明显，交易行为明显异常。

然而，从起诉意见书认定的控制证券账户组交易“南方网竞”情况、本案中相关股票交易记录等证据都可以看到，欧某从2013年4月24日到8月

19 日进行南方网竞股票交易，呈现出非常“纠结”的交易特征，买入、卖出等交易方向时常反复，没有任何“果断”的特征。

欧某重复买卖、交易频繁，完全是中小投资者在市场面前纠结、摸索的过程，其交易心态表现为明显的散户状态，在行为上并无内幕信息依托：(1) 同一个交易日在同一账户很大数量地又卖又买。(2) 从最低价的 12.7 元买入到最高价 85.7 元买入，几乎每一个价位都有买入记录且价差悬殊，完全没有精准买入的特征。(3) 从最低 14.7 元卖出价到最高 96 元卖出价，同样几乎覆盖了该区间所有价格位置且价差悬殊，完全没有基于内幕信息公开后的价格释放获利的交易特征。(4) 多次在相近时间内高买低卖。

因此，交易数据等证据证明，欧某的这种交易特征，与基于内幕信息的明显异常交易围绕特定重大信息果断、坚决、精准买入、精准卖出等特征，截然不同。

起诉意见书对于欧某交易是否明显异常具体问题的认定，事实不清、证据不足，适用法律错误。

起诉意见书认定：

欧某的交易行为无正当理由、无正当信息来源，交易明显异常。

一是开户时间与内幕信息形成、变化时间相一致。……

二是融券、杠杆配资、抵押房产融资的时间与内幕信息形成、变化时间相一致。……

三是欧某开始买入“南方网竞”时间与内幕信息形成、变化时间相一致，卖出时间与内幕信息公开时间相一致。……

四是在内幕信息公开前，欧某突击调入资金，利用多个账户巨量买入“南方网竞”一只股票，决策果断，买入意图明显，交易行为明显异常。……

五是欧某的申辩理由没有证据支持，与其行为相悖。……

依据《最高人民法院、最高人民检察院关于办理内幕交易、泄露内幕信息刑事案件具体应用法律若干问题的解释》第 2 条第 3 项的规定，在内幕信息敏感期内，欧某与内幕信息知情人联络、接触，从事与该内幕信息有关的交易，交易行为明显异常，且无正当理由或者正当信息来源，应当认定欧某为非法获取证券交易内幕信息的人员，欧某交易“南方网竞”的行为构成内幕交易。

但是，本案中的证据显示，欧某的交易行为并无异常，且具有正当理由与公开信息来源。

1. 欧某的交易时点与内幕信息形成及公开过程并不一致。

上述证据已经证明，本案中的内幕信息内容及其形成时间，应当围绕南方网竞重大收购事项确定。南方网竞与上海美乐签署《保密协议》的真实时间是2013 年5 月28 日。欧某自2013 年4 月就开始买卖南方网竞股票，11 个账户中的6 个账户开始买入该股票的时间在5 月28 日之前，且并非单纯的买进，而是频繁买进卖出，这一交易特征显然与内幕信息及其形成时间不相符。在5 月28 日之后，欧某继续买进卖出南方网竞股票，其中4 个账户交易的时间跨越特定收购事项信息公开前后，属于其之前交易活动的正常延续行为，所以欧某这一阶段交易南方网竞股票的情形也与内幕信息无关，不属于交易行为明显异常。

2. 欧某集中资金、配资交易股票等符合其交易习惯，并不异常。

因看好2013 年的创业板行情，从2013 年2 月开始，欧某即已向银行申请贷款筹集资金，后又通过市场配资筹集资金。从2013 年4 月24 日买入股票开始，买入共分四个阶段，南方网竞公司每一个利好消息公布之后都是买入时点，而卖出的时间则依据成本和买入的时间顺序以及对南方网竞股价市场表现的摸索和判断来决定。从欧某作为职业投资人过往的交易习惯看，在做出精准判断后，筹集资金重点投资于一种股票正是他的交易习惯，有以往他的交易记录佐证。

3. 欧某的交易行为具有正当理由和公开信息依据。

欧某是一名具有二十多年投资证券市场经历的职业股民，具有丰富的投资经验和专业知识背景。欧某于2013 年12 月提交证监会的《关于我投资南方网竞股票是否构成内幕交易的陈述》，不仅对南方网竞股价上涨的原因及投资逻辑有清晰的认识和判断，而且对投资南方网竞股票的基本过程、正当理由及所依据的公开合法的信息来源都进行了客观真实的描述，完全合乎逻辑和情理。

4. 认定欧某异常交易的法律依据不足。

《最高人民法院、最高人民检察院关于办理内幕交易、泄露内幕信息刑事案件具体应用法律若干问题的解释》第 3 条规定：

本解释第二条第二项、第三项规定的“相关交易行为明显异常”，要综合以下情形，从时间吻合程度、交易背离程度和利益关联程度等方面予以认定：

（一）开户、销户、激活资金账户或者指定交易（托管）、撤销指定交易（转托管）的时间与该内幕信息形成、变化、公开时间基本一致的；

（二）资金变化与该内幕信息形成、变化、公开时间基本一致的；

（三）买入或者卖出与内幕信息有关的证券、期货合约时间与内幕信息的形成、变化和公开时间基本一致的；

（四）买入或者卖出与内幕信息有关的证券、期货合约时间与获悉内幕信息的时间基本一致的；

（五）买入或者卖出证券、期货合约行为明显与平时交易习惯不同的；

（六）买入或者卖出证券、期货合约行为，或者集中持有证券、期货合约行为与该证券、期货公开信息反映的基本面明显背离的；

（七）账户交易资金进出与该内幕信息知情人员或者非法获取人员有关联或者利害关系的；

（八）其他交易行为明显异常情形。

本案中欧某的行为并不符合上述司法解释规定的“相关交易行为明显异常”标准。

（1）本案中内幕信息的内容及其对应的形成、变化、公开时间等要素均处于事实不清的状态，相关认定存在重大疑问与分歧，这意味着本案中进一步需要界定的异常交易建构在事实不清的基础之上，无从准确认定。

（2）判断交易是否明显异常仍然需要对行为人“获悉内幕信息的时间”等问题进行确认。起诉意见书在做出相关判断时，重复通过接触、联系的情况与错误的内幕信息界定，推断欧某的行为异常，并未对欧某是否获悉、获悉了什么内幕信息、获悉内幕信息的具体时间等法律要素进行明确界定，导致其认定结论并不符合司法解释规定的明显异常标准。

（3）欧某的交易行为与公开信息反映的基本面完全吻合。案涉时间区间的游戏行业背景、南方网竞的经营能力、财务状况以及发展前景、发展潜力等公司基本面信息，都反映了该股票的投资价值。股票的价格更主要的是取决于投资者对公司未来发展的预期。南方网竞股价从 2013 年 3 月的 10 元被一路追捧到 2013 年 9 月份的超过 100 元，且交易量巨大，即充分证明了广大投资人对南方网竞基本面的判断与预期。欧某在上述时间区间介入南方网竞股票交易，完全符合公司基本面，并不存在明显异常。

所以，本案中内幕信息内容、形成时间，欧某与内幕信息知情人员接触、联系，欧某是否构成内幕信息非法获取人员，相关交易是否明显异常等事实认定与法律判断，在证据与法律标准层面均存在重大漏洞。欧某的行为并未违反《证券法》第 73 条、第 76 条第 1 款的规定，并不构成《证券法》第 202 条所述的内幕交易行为。因此，欧某并不构成内幕交易罪，起诉意见书认定的事实不清、证据不足，适用法律错误，恳请贵院依法做出不起诉决定。

第二章

内幕信息与内幕信息知情人员的司法认定

——胡某内幕交易案辩护意见

[辩护逻辑]

并购交易中的双方进行非常初步的试探，并不存在股权合作的任何初步意向，不应当认定为内幕信息形成；行为人在这个时间区间并未知悉股权合作事项的内幕信息，也不存在任何客观基础接触、获取内幕信息，因此不能认定为内幕信息知情人员。

[案情]

2016 年 9 月 4 日，经时任崇德集团董事长兼法定代表人的犯罪嫌疑人胡某介绍，广东保力建新能源股份有限公司（深圳证券交易所上市公司，以下简称保新能源）董事长张某与深圳市东方海富投资管理股份有限公司（以下简称东方海富）董事长刘某认识。9 月 5 日，胡某前往东方海富向刘某、邝某介绍保新能源情况，为双方股权合作牵线搭桥。9 月 8 日，胡某将东方海富发给其的主题为“东方海富 2015 年度工作报告摘要”的电子邮件转发给保新能源下属子公司广东保新资产管理有限公司总经理李某。同年 9 月 13 日起，保新能源张某等人与东方海富刘某等人开展互访考察及股权合作商谈，犯罪嫌疑人胡某先后多次陪同参与互访考察并促进双方股权合作。

2017年1月4日，"保新能源"停牌。2017年1月13日，保新能源发布关于控股股东协议转让部分股份暨停牌进展公告。同年2月25日，保新能源发布关于受让暨增资东方海富涉及关联交易的公告，并于同月27日保新能源复牌。经监管部门认定，上述股权合作事项系《证券法》规定的内幕信息，内幕信息敏感期为2016年9月13日至2017年2月25日，犯罪嫌疑人胡某因参与保新能源与东方海富的互访考察及合作洽谈而获悉该内幕信息，系内幕信息知情人员。

[辩护意见主文]

一、起诉意见书做出的相关认定，事实不清、证据不足，现有证据无法证明本案相关事实

辩护人认为，2016年9月保新能源与东方海富之间的接触联系都是非常初步的试探，并不存在股权合作的任何初步意向；本案中2016年9月13日内幕信息形成时间的证据存在明显争议与矛盾；犯罪嫌疑人胡某在相关时间区间并未知悉股权合作事项的内幕信息。

（一）邝某证人证言证明：

1. 2016年9月13日保新能源与东方海富相关人员参加的座谈会并没有谈及任何股权合作，不可能形成重大资产购置、收购事项的内幕信息。

2. 2016年9月底，保新能源相关人员赴东方海富的会议中，同样没有形成股权合作的意向，该时间节点仍然没有形成内幕信息。

3. 邝某与犯罪嫌疑人胡某之间仅有的三次接触联系中，没有进行任何与内幕信息有关的交流，犯罪嫌疑人胡某无从知悉保新能源与东方海富的合作具体进展。

4. 2016年9月13日的座谈会根本没有涉及任何股权投资合作的信息与情况，邝某的笔记只是个人的理解与记录，该笔记中记载的内容是东方海富相关专业人员的单方面思考，并不构成双方股权合作的意向。

（二）李某供述证明：

1. 2016年9月保新能源与东方海富并未就合作形式形成任何意向。

2. 李某的后期笔录中存在大量个人猜测、推测的陈述，其内容具有明显的不确定性、模糊性，对于本案的待证事实不能形成证明效果，相应地，本案的侦查逻辑也是按照相同的推测展开，导致内幕信息的形成时间、行为人是否知悉股权合作进程等重要事实的证据问题存在争议。

3. 上述明显属于个人猜测、推测的陈述，反而证明所谓 9 月 13 日保新能源与东方海富的参会人员均未以任何形式提出股权合作意向，即该日并未形成内幕信息。

4. 李某作为保新能源的内部人员，对于内幕信息的知悉以及内幕信息进程的把控分析能力显著区别于作为外部人员的胡某，正是因为其对于公司内部管理的充分理解与职务便利，使得其判断保新能源与东方海富之间的合作是否涉及股权、是否触及《证券法》上的内幕信息（重大收购），在时间上显然更早，并且其本人客观上从事了内幕交易。所以，根据李某对于内幕信息的判断逻辑证明胡某案件的内幕信息判断逻辑，是不符合胡某案件的客观特征的。

5. 2016 年 11 月张某仍然是在向李某表达对东方海富进行投资的意愿，至少证明 2016 年 9 月实际上并未形成投资的意向。

（三）刘某证人证言证明：

1. 2016 年 9 月 13 日保新能源与东方海富并未就股权合作达成任何形式的初步意向，双方座谈会仅是客套地表达合作可能性，该时间节点内幕信息没有形成。

2. 9 月 26 日保新能源与东方海富双方再次会面，仍然没有明确合作方式，而是继续探讨合作的可能性，该时间节点内幕信息仍没有形成。

3. 刘某并没有在后续的其他场合告诉胡某双方合作的进程，证明犯罪嫌疑人胡某无从知悉股权合作内幕信息。

4. 东方海富一方实际上直到 2016 年 10 月才开始正式内部开会探讨与保新能源的合作路径，所以内幕信息于此之前根本就不可能形成。

5. 刘某自始至终没有与胡某沟通过与保新能源合作有关的事宜或者其他任何与内幕信息有关的问题。

6. 刘某对于崇德集团购买保新能源股票之事一无所知的陈述，也印证了双方实际上并未就内幕信息进行过交流，即胡某并未从刘某处知悉股权合作事宜的进展。

7. 胡某所起的作用就是撮合双方进行接洽、合作，至于合作的具体内容、节奏、方式等重要信息，胡某是无从知悉的。

8. 陈某的最后一次证人证言笔录中的内容，明显能够看出询问过程中存在一定的诱导性，与之前稳定的证言笔录出现了明显的矛盾，陈某的文字表述也较为暧昧，不能作为认定本案事实的合理依据。即使存在一定的诱导性问题，仍然可以从中看出，胡某参与的过程仅有陈某所陈述的三个阶段（9月5日、9月13日、9月26日），并无证据证明其充分知悉合作全进程。

（四）胡某的供述与本案中的其他证据互为印证地证明：2016年9月13日并未形成内幕信息（双方没有对股权合作形成任何意向）；胡某并不充分确切了解双方股权合作的内容、形式及其进程，胡某在相当长的时间区间并不知悉相关信息。

（五）张某证人证言证明：（1）胡某与保新能源并无在并购项目上的业务关系、工作关系，不具有成为法定内幕信息知情人员的任何客观基础。（2）9月13日保新能源与东方海富只是进行了客套的沟通，并未形成任何合作意向，更不存在股权合作的意向。（3）9月26日是保新能源对东方海富的礼节性回访，同样没有任何合作意向。（4）我11月才关注尽职调查，2017年1月才正式确认合作。

二、起诉意见书适用法律错误，犯罪嫌疑人胡某不构成内幕信息知情人员

根据《刑法》第180条的规定，内幕信息、知情人员的范围，依照法律、行政法规的规定确定。根据《证券法》第74条的规定，证券交易内幕信息知情人包括：（一）发行人的董事、监事、高级管理人员；（二）持有公司百分之五以上股份的股东及其董事、监事、高级管理人员，公司的实际控制人及其董事、监事、高级管理人员；（三）发行人控股的公司及其董事、

监事、高级管理人员；（四）由于所任公司职务可以获取公司有关内幕信息的人员；（五）证券监督管理机构工作人员以及由于法定职责对证券的发行、交易进行管理的其他人员；（六）保荐人、承销的证券公司、证券交易所、证券登记结算机构、证券服务机构的有关人员；（七）国务院证券监督管理机构规定的其他人。

从犯罪嫌疑人胡某的身份以及行为特征来看，其不属于《证券法》明示性规定的内幕信息知情人员。同时，起诉意见书亦没有明确释明基于什么“国务院证券监督管理机构规定”认定犯罪嫌疑人胡某属于内幕信息知情人员。因此，起诉意见书认定其构成内幕信息知情人员的法律依据不足。更为重要的是，从起诉意见书的证明逻辑以及本案证据体系来看，实际上是基于犯罪嫌疑人胡某知悉内幕信息，从而认定其构成内幕信息知情人员。这种认定逻辑明显违背《刑法》以及《证券法》的规定。

综上分析，现有证据显示，2016 年 9 月保新能源与东方海富之间的接触联系都是非常初步的试探，并不存在股权合作的任何初步意向；2016 年 9 月 13 日保新能源与东方海富并未形成合作意向，相关内幕信息形成时间的证据存在明显争议与矛盾；2016 年 9 月 26 日保新能源与东方海富仍然没有形成股权合作意向；犯罪嫌疑人胡某在相关时间区间并未知悉股权合作事项的内幕信息，胡某也不存在任何客观基础接触、获取内幕信息从而使其具有认定为内幕信息知情人员的客观基础；本案中实际上也并无相关知情人员向胡某提供内幕信息。同时，根据《刑法》、《证券法》以及内幕交易犯罪司法解释的规定，犯罪嫌疑人胡某并不具有构成内幕信息知情人员的法定条件。因此，基于上述证据与法律，恳请贵院严格审查证据、适用法律，在审查本案时给予犯罪嫌疑人胡某公正的司法认定，依法做出不起诉决定。

第三章

上市公司收购环节内幕交易的司法认定

——王某1内幕交易案辩护意见

[辩护逻辑]

正在筹划中的可能影响公司股价的上市公司收购等重大事项，是内幕交易案发的主要环节类型。上市公司及其董事、监事、高级管理人员，交易对手方及其关联方和其董事、监事、高级管理人员（或主要负责人），聘请的专业机构和经办人员，参与制订、论证、审批等相关环节的有关机构和人员，以及提供咨询服务的人员等，均有可能牵涉内幕信息的生成与发展。但是，《证券法》《刑法》并未明确且完整地通过明示性列举模式将上述所有类型的人员均规定为法定知情人员。司法实践中完全有可能出现：由于一定的业务往来或者交易关系而可能知悉内幕信息的人员，但法律并未明确规定为内幕信息知情人员。在事实层面，此类人员，可能确实知悉内幕信息，也可能具有知悉的可能但确实不知悉——对于前者，在法律层面，应当认定为内幕信息知情人员，对于后者，不应当认定为内幕信息知情人员。由于内幕交易司法解释已经对知情人员、非法获取人员、交易异常性等设置了相对稳定的司法判断规则，同时实践中已经积累了大量的案例经验，反驳内幕交易主体的认定在实务中已经显得越来越困难。这就要求辩护实务必须以极为科学且详尽的数据分析，对交易合理性进行证明。

［案情］

一、与内幕信息及其形成问题有关的事实

2021年8月30日，上市公司H市千玺水利设备股份有限公司（以下简称千玺水利）《2021年半年度报告》公开披露其比上年同期营业收入增长62.20%、净利润增长368.56%等重磅利好消息。

2021年9月1日，千玺水利发布《关于重大事项停牌的公告》：2021年8月31日收到了公司控股股东、实际控制人徐某1女士和徐某2先生的通知，其正在筹划涉及公司控制权的重大事项。本次交易对方傅某、H市万岚科技合伙企业（有限合伙）（以下简称万岚科技）、海南足福仁投资合伙企业（有限合伙）（以下简称足福仁投资）拟从公司控股股东、实际控制人处受让公司约20%股权。本次交易对手方主要从事能源、投资等业务。本次交易相关事项需上市公司股东大会豁免徐某1女士和徐某2先生的自愿性股票锁定承诺。截至目前，尚未签署相关股权转让框架协议、意向书等。

2021年9月8日，千玺水利发布《关于公司控股股东、实际控制人拟发生变更的提示性公告》：千玺水利的控股股东、实际控制人之一徐某1女士拟将其持有的公司13,722,800股份（占本次交易完成前公司总股本20.00%）转让给万岚科技、足福仁投资、傅某，转让数量分别为3,579,861股、4,773,148股和5,369,791股。同时，千玺水利与乐某1签订了《附生效条件的股份认购协议》，乐某1拟认购公司向其定向发行的股份，认购数量为18,765,638股。此外，万岚科技、足福仁投资、傅某与乐某1共同签署了《关于H市千玺水力设备股份有限公司之表决权委托暨一致行动协议》（以下简称《表决权委托暨一致行动协议》）。上述事项全部完成后，乐某1可以支配千玺水利表决权的股份比例超过30%，乐某1将成为千玺水利的实际控制人。

综上，乐某1作为买方实际控制人与千玺水利实际控制人徐某1女士和徐某2（卖方实际控制人）签订股权转让协议、与千玺水利签订定向发行股份认购协议，系《证券法》（2019年修订）第80条第2款第8项规定的重大事件。

在2021年9月1日千玺水利的股票停牌前，“筹划涉及公司控制权相关的重大事项”的信息仅限于公司内部及股权收购与控制权转让的参与方等少数人知悉，具有未公开性，属于《证券法》第52条规定的内幕信息。

二、与内幕信息知情人问题有关的事实

王某1与千玺水利控制权相关事项、千玺水利股权交易买方实际控制人乐某1之间的联系等具体情况：

（一）王某1与千玺水利股权交易买方实际控制人之间的联系

2021年8月，时任元通集团副总裁、首席投资官、元通材料（上市公司）副董事长的乐某1，酝酿自主创业、自立门户，拟成立合伙企业，建构投资平台，以此开创和实现属于自己的实业和事业。乐某1向王某1提出筹资意愿，希望王某1作为财务投资者，以有限合伙人（LP）的身份参与认购有限合伙份额。王某1同意作为有限合伙企业的LP参与投资，并确认“投钱先投人”的操作模式，即乐某1运用其投资经验与资源负责核心投资项目，王某1仅进行财务投资，作为有限合伙人，不过问具体投资事项，只负责部分资金投入。

2021年8月26日，乐某1方面的工作人员通知王某1下载工商注册的手机应用，但由于王某1的苹果手机不支持工商注册APP下载，便微信通知王某1方面的工作人员唐某用华为手机下载“浙里办”APP，之后王某1刷脸注册登录APP，后台已有提前录入好的H州中鑫科技有限公司的注册信息，点击确认签名后，唐某帮助王某1完成了相关注册。H州中鑫科技有限公司在工商登记上的信息显示：成立日期2021年8月27日，注册资本3000万元人民币，乐某1持股比例60%，认缴出资额1800万元；王某1持股比例40%，认缴出资额1200万元；乐某1为执行董事兼总经理，王某1为监事。关于上述工商登记的股权比例和任职，成立前乐某1没有告知王某1。办理工商登记之时非常紧急，王某1只是根据经办工作人员和中介机构的指令，登录人脸识别系统。王某1从该公司成立起并未参与任何工作。该公司近期也做了一些经营、收购行为，乐某1没有让王某1参与、也没有按照股东会

议事规则决策，H 州中鑫科技有限公司完全由乐某 1 独立控制并运行。

2021 年 8 月 31 日，以同样的方法，王某 1 登录“浙里办”APP 后，后台已有注册信息，点击确认签名后，即完成万岚科技的注册。万岚科技在工商登记上的信息显示：乐某 1 出资比例 36.6667%，认缴出资额 5500 万元；许某出资比例 33.3333%，认缴出资额 5000 万元；王某 1 出资比例 20%，认缴出资额 1500 万元；章某出资比例 6.6667%，认缴出资额 1000 万元；H 州中鑫科技有限公司出资比例 3.3333%，认缴出资额 500 万元，为执行事务合伙人。同样，办理工商登记和签署合伙协议时，王某 1 不在现场，也没有看到合伙协议等工商注册登记资料，只是根据经办工作人员和中介机构的指令，登录人脸识别系统，经办人员电话申请代表王某 1 在工商注册登记资料上签字。合伙协议的文本是在 2021 年 9 月 11 日由经办人员发给王某 1 的，那时王某 1 才第一次看到合伙文件。合伙企业工商内档信息显示：(1) 2021 年 8 月 31 日合伙协议第 6 条约定——合伙企业的目的：全体合伙人通过合伙，将有不同资金条件和不同技术、管理能力的人或企业组织起来，在遵守国家法律、法规的前提下，争取企业利润的最大化。(2) 2021 年 9 月 6 日变更后的合伙协议第 6 条约定——合伙企业的目的：设立本合伙企业的目的是投资千玺水利的股份。(3) 2021 年 9 月 6 日，H 州中鑫科技有限公司作为万岚科技的执行事务合伙人，变更了执行事务合伙人委派代表，即由乐某 2 变更为王某 2。H 州中鑫科技有限公司作出的上述变更，并未经过公司决议，王某 1 并不知情。

2021 年 8 月 31 日 10 点 44 分，王某 1 向乐某 1 个人账户转账 130 万元；2021 年 11 月 11 日，王某 1 向万岚科技转账 1370 万元；2021 年 11 月 11 日，万岚科技退回王某 1 账户 1500 万元（8 月 31 日的 130 万元 + 当日的 1370 万元）；2021 年 11 月 11 日，王某 1 向万岚科技转账 1500 万元，完成该有限合伙企业的有限合伙人的实缴出资 1500 万元。

根据乐某 1 询问笔录，王某 1 在 2021 年 8 月 29 日从乐某 1 处知悉，本次搭建投资平台并实际出资是用于千玺水利股权交易项目。

对于乐某 1 的上述陈述，王某 1 并未承认。两者言词证据处于“一对一”状态。

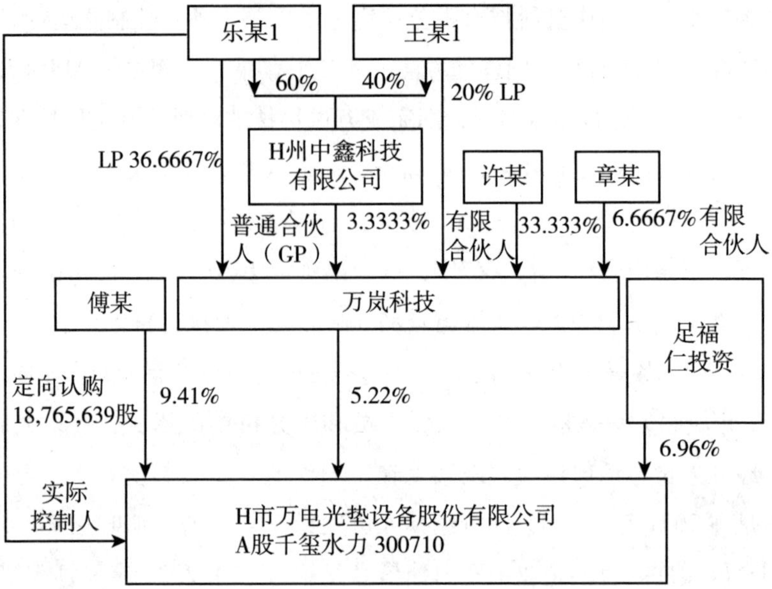

投资关系

（二）王某1与千玺水利卖方实际控制人之间的联系

在千玺水利停牌期间（9月7日），王某1陪同乐某1时，见到了千玺水利徐某2董事长、董事会秘书邓某、云飞证券成某。这是王某1与千玺水利相关人员的首次见面。当日王某1加了邓某和成某的电话和微信。作为一位小额出资的有限合伙人，王某1未加徐某2董事长的微信和电话。

三、与股票交易问题有关的事实

2021年8月31日早上8：30左右，王某1致电其公司员工唐某：千玺水力公布半年报，业绩增长超出预期，有投资价值、值得关注。8月31日上午，王某1从其母亲于某的银行账户调配470万元资金转入李某1账户、其转入唐某银行账户（招商银行账号：621××××××4973488）470万元；唐某银行账户转入其母亲李某2银行账户（交通银行账号：622××××××0004001884）470万元；李某2银行账户（交通银行账号：622××××××0004001884）三方存管银行转证券账户470万元；随后唐某操作李某2的华龙证券账户约于10：20左右买入千玺水利股票13.75万股，合计金额

449.3086 万元。

2021 年 9 月 9 日上午，王某 1 通知唐某一开盘即卖出千玺水利股票。唐某在 9 月 9 日 9：35 全部卖出千玺水利股票。9 月 9 日 9 点 35 分左右，李某 2 的华龙证券账户卖出千玺水利股票 13.75 万股，合计金额 581.0793 万元。

[辩护意见主文]

本案中，王某 1 不构成《证券法》中的“内幕信息知情人”与《刑法》中的“内幕信息的知情人员”。其交易并未基于内幕信息，且符合其交易习惯，具有明显的正常性。

一、在法律适用层面，本案中王某 1 不具备内幕交易罪的主体身份

王某 1 主体身份基本事实：（1）千玺水利股权买方（有限合伙企业）的有限合伙人。实际出资金额 1500 万元，在该有限合伙企业中出资占比 20%，在该宗上市公司股权收购交易中出资占比 ×%。（2）该有限合伙企业的普通合伙人的股东（认缴出资，股份占比 40%）、监事。

《证券法》规定——

第 50 条　禁止证券交易内幕信息的知情人和非法获取内幕信息的人利用内幕信息从事证券交易活动。

第 51 条　证券交易内幕信息的知情人包括：

（一）发行人及其董事、监事、高级管理人员；

（二）持有公司百分之五以上股份的股东及其董事、监事、高级管理人员，公司的实际控制人及其董事、监事、高级管理人员；

（三）发行人控股或者实际控制的公司及其董事、监事、高级管理人员；

（四）由于所任公司职务或者因与公司业务往来可以获取公司有关内幕信息的人员；

（五）上市公司收购人或者重大资产交易方及其控股股东、实际控制人、董事、监事和高级管理人员；

（六）因职务、工作可以获取内幕信息的证券交易场所、证券公司、证券登记结算机构、证券服务机构的有关人员；

（七）因职责、工作可以获取内幕信息的证券监督管理机构工作人员；

（八）因法定职责对证券的发行、交易或者对上市公司及其收购、重大资产交易进行管理可以获取内幕信息的有关主管部门、监管机构的工作人员；

（九）国务院证券监督管理机构规定的可以获取内幕信息的其他人员。

本案中，王某1并非《证券法》第51条明示性规定的各类“内幕信息知情人”。与王某1的情况最为接近的为第5项“上市公司收购人或者重大资产交易方及其控股股东、实际控制人、董事、监事和高级管理人员”。但是，本案中，与王某1有关的各类主体中，上市公司收购人（之一）是万岚科技；上市公司收购人的实际控制人是乐某1；上市公司收购人（之一）的董事是乐某1。王某1是作为上市公司收购人之一的万岚科技的有限合伙人，同时是上市公司收购人的普通合伙人（执行事务合伙人）的股东、监事。因此，王某1并非“上市公司收购人或者重大资产交易方及其控股股东、实际控制人、董事、监事和高级管理人员”。

若要将王某1认定为“内幕信息知情人”，则需要根据兜底条款，“（九）国务院证券监督管理机构规定的可以获取内幕信息的其他人员”予以认定。

检索中国证券监督管理委员会关于“可以获取内幕信息的其他人员”的规定，从文本内容上，仅有如下一部规定涉及与本案有关的情形。

《中国证券监督管理委员会关于规范上市公司信息披露及相关各方行为的通知》（证监公司字〔2007〕128号）

各上市公司：

为维护证券市场的秩序，打击内幕交易和市场操纵行为，保护投资者合法权益，现就有关事项通知如下：

……

二、上市公司的股东、实际控制人及筹划并购重组等重大事件过程中的相关人员，应及时主动向上市公司通报有关信息，并配合上市公司及时、准确、完整地进行披露。上市公司在获悉相关信息时，应及时向证券交易所申请停牌并披露影响股价的重大信息。

三、对于正在筹划中的可能影响公司股价的重大事项，上市公司及其董事、监事、高级管理人员，交易对手方及其关联方和其董事、监事、高级管理人员（或主要负责人），聘请的专业机构和经办人员，参与制订、论证、审批等相关环节的有关机构和人员，以及提供咨询服务、由于业务往来知悉或可能知悉该事项的相关机构和人员等（以下简称内幕信息知情人）在相关事项依法披露前负有保密义务。在上市公司股价敏感重大信息依法披露前，任何内幕信息知情人不得公开或者泄露该信息，不得利用该信息进行内幕交易。

可见，如果根据上述“国务院证券监督管理机构规定”，王某1可能构成交易对手方及其关联方和其董事、监事、高级管理人员（或主要负责人），或者由于业务往来知悉或可能知悉该事项的相关机构和人员，从而可以基于兜底条款被认定为《证券法》中的“内幕信息知情人”。

然而，上述“国务院证券监督管理机构规定”于2022年1月5日被废止。

《中国证券监督管理委员会关于废止4部证券期货制度文件的决定》（中国证券监督管理委员会公告〔2022〕24号）

为深入贯彻国务院金融委“建制度、不干预、零容忍”的工作要求，结合监管实践需要，中国证监会组织开展上市公司监管法规体系整合工作。经过整合，中国证监会决定废止以下4部规范性文件：

一、关于规范上市公司信息披露及相关各方行为的通知（证监公司字〔2007〕128号）

……

综上，在《证券法》层面，并未有任何规范依据可以认定本案当事人王某1构成“内幕信息知情人”。因此，本案中王某1是否构成《证券法》中的“内幕信息知情人”（法定知情人）问题有待商榷。

根据《刑法》以及司法解释的规定，《刑法》中的“内幕信息的知情人员”的范围，依照法律、行政法规的规定予以确定。

《刑法》规定——

第一百八十条　【内幕交易、泄露内幕信息罪】证券、期货交易内幕信息的知情人员或者非法获取证券、期货交易内幕信息的人员，在涉及证券的发行，证券、期货交易或者其他对证券、期货交易价格有重大影响的信息尚未公开前，买入或者卖出该证券，或者从事与该内幕信息有关的期货交易，或者泄露该信息，或者明示、暗示他人从事上述交易活动，情节严重的，处五年以下有期徒刑或者拘役，并处或者单处违法所得一倍以上五倍以下罚金；情节特别严重的，处五年以上十年以下有期徒刑，并处违法所得一倍以上五倍以下罚金。

单位犯前款罪的，对单位判处罚金，并对其直接负责的主管人员和其他直接责任人员，处五年以下有期徒刑或者拘役。

内幕信息、知情人员的范围，依照法律、行政法规的规定确定。

《最高人民法院、最高人民检察院关于办理内幕交易、泄露内幕信息刑事案件具体应用法律若干问题的解释》

第一条　下列人员应当认定为刑法第一百八十条第一款规定的“证券、期货交易内幕信息的知情人员”：

（一）证券法第七十四条规定的人员；

（二）期货交易管理条例第八十五条第十二项规定的人员。

可见，《刑法》中的“内幕信息的知情人员”的认定，其仍然是按照上述《证券法》中的“内幕信息知情人”的规定予以判断。结合上述《证券法》层面的法律分析，本案中王某1是否构成《刑法》中的“内幕信息的知情人员”问题有待商榷。

二、在事实与证据层面，王某1买卖千玺水利股票的交易情况证明其不构成内幕交易

（一）王某1买卖千玺水利股票的交易事实和逻辑

王某1通过王某1母亲于某账户（含两融账户）买卖千玺水利股票的交易事实，包括以下方面：

1. 交易时段：从2020年12月30日开始，其中形成大致的闭环交易有两个轮次，第一轮次从2020年12月30日买入至2021年1月11日卖出；第二轮次从2020年5月19日买入至2021年5月24日卖出。

2. 交易情况：上述两轮累计完成交易24笔，成交金额共计买入6,366,881元、卖出6,539,250元，账户盈亏+172,369元。

3. 第一轮次具体交易明细：

（1）2020 年 12 月 30 日，共买入 70,100 股，该股当日共发生 2 笔交易全部为买入，累计成交金额为 1,990,837 元。

（2）2020 年 12 月 31 日，共卖出 17,100 股，该股当日共发生 2 笔交易全部为卖出，累计成交金额为 497,550 元。

（3）2021 年 1 月 4 日，买入 30,000 股，该股当日发生 1 笔交易为买入，累计成交金额为 880,800 元。

（4）2021 年 1 月 4～5 日，普通账户分两笔划转至信用账户 83,000 股，成交金额为 2,375,094.36 元。

（5）2021 年 1 月 4～5 日，信用账户入账 83,000 股，成交金额为 2,3865,333 元。

（6）2021 年 1 月 6 日，共买入 88,300 股，该股当日发生 3 笔交易全部为买入，累计成交金额为 2,507,966 元。

（7）2021 年 1 月 8 日，共卖出 20,000 股，该股当日发生 2 笔交易全部为卖出，累计成交金额为 586,500 元。

（8）2021 年 1 月 11 日，共卖出 151,300 股，该股当日发生 8 笔交易全部为卖出，累计成交金额为 4,461,731 元。

当时，王某 1 操作上述第一轮次的交易依据，即据以交易的基本原因在于：

（1）业绩逢低，研报预期未来趋好的层面：鉴于 2020 年三季报显示千玺水利业绩逢低（公告的当期归属上市公司股东的净利润为 776 万元，比上年同期减少 78.55%；归属上市公司股东的扣除非经常性损益的净利润为 624 万元，比上年同期减少 93.11%；每股收益为 0.1132 元/股，比上年同期减少 78.53%），结合 2020 年 12 月各大券商安信、中原、招商就通信行业的研报预期较乐观等因素，认为该股四季度净利润提升空间较大。

（2）宏观层面，利好 5G 概念股：2021 年将有序推进 5G 网络建设及应用，加快主要城市 5G 覆盖，推进共建共享，新建 5G 基站 60 万个以上；同时聚焦 10 个重点行业，开展工业 5G 专网试点。据此认为，随着 2021 年 5G 用户渗透率提升，所有运营商及从属行业将迎来新的发展机遇。

（3）公司微观层面：2020 年 12 月 29 日，千玺水利发布其全资子公司隆胜投资拟使用自有资金 2,000 万元与安宇投资、清雀管理、张某等人共同投资设立诸暨星澜智联创业投资合伙企业（有限合伙），投资基金规模 5,810 万元。

鉴于上述信息，王某 1 遂于 2020 年 12 月 30 日买入该股。但当日买入后股价一路下行，且收盘数据显示该股连续 8 日累计净流出 1841 万余元，为保障资金安全王某 1 遂于 12 月 31 日将股票部分卖出，做今后的持续性观察。经观察 31 日股价有所反弹，因此在下一个交易日进行补仓。千玺水利 2020 年 12 月 28 日~2021 年 1 月 3 日换手率 29.24%，2021 年 1 月 4 日收盘后显示主力资金净流入 286 万，净占比 7.14%，1 月 5 日收盘后公告发布实际控制人提前购回 50 万股等利好消息，故于 1 月 5 日、6 日陆续低位补仓；后续由于股价回调，遂于 1 月 8~11 日陆续清仓。

4. 第二轮次具体交易明细：

（1）2021 年 5 月 19 日，共买入 15,600 股，该股当日发生 2 笔交易全部为买入，累计成交金额 418,215 元。

（2）2021 年 5 月 21 日，买入 21,100 股，该股当日发生 1 笔交易为买入，累计成交金额为 569,063 元。

（3）2021 年 5 月 24 日，卖出 36,700 股，该股当日发生 1 笔交易为卖出，累计成交金额 993,469 元。

当时，王某 1 操作上述第二轮次的交易依据，即据以交易的基本原因在于：

（1）业绩层面：2020 年报显示一季度、二季度、三季度、四季度归属上市公司股东净利润分别为：-421 万元、75 万元、776 万元、561 万元，净利润整体向好发展。此外，2020 年三季报计入当期损益的政府补助为 292 万元，2021 年一季报计入当期损益的政府补助为 806 万元，政府补贴呈上升趋势体现出国家政策扶持力度的逐步增强。

（2）行业及宏观层面：根据券商研报，卫星互联网是以卫星为接入手段的互联网宽带服务模式，全球卫星互联网产业发展已经进入了一个快车道。2021 年 4 月，中国卫星网络集团有限公司成立；新成立的中国卫星网络集团有限公司或将是统筹、规划及运营王某1国低轨卫星互联网的“国家队”。而千玺水利则参与王某1国卫星互联网产业链空间段分系统部件中的测控系统建设。

鉴于上述信息，王某1遂于2021年5月19日、20日分别买入该股，但股票横盘未有强势表现，因此于5月24日清仓。

5. 王某1操作股票的交易逻辑

上述轮次买卖千玺水利股票的两轮交易事实，完全系王某1根据公开市场信息的综合分析而做出，基本依据在于：千玺水利2020年三季度业绩正处于低谷，综合各类公开信息能反映出四季度触底反弹的可能性比较大，以及映射出的可供提升空间也比较大，故而在2020年12月30日逢低建仓买入。因为过往经历的交易印记，所以倍加关注，继而持续跟踪、波段操作、轮次交易，而这正是王某1一贯秉承的逢低建仓、紧盯目标股票重复买卖，高频次、多短线、常活跃交易逻辑的自觉体现。

（二）2021年8月31日，王某1指令唐某买入千玺水利股票

2021年8月30日，千玺水利公开披露《2021年半年度报告》，王某1据此知悉千玺水利比上年同期营业收入增长62.20%、净利润增长368.56%的市场公开利好消息。结合过往经历的该股交易记录，根据王某1持续跟踪、重点关注、轮次交易、波段操作的交易习惯，故在2021年8月31日早上8：30左右，王某1致电唐某说：千玺水利利好，有投资价值、值得关注。8月31日上午，王某1从王某1母亲于某的银行账户调配470万元资金转入李某1账户、其转入唐某银行账户（招商银行账号：621××××××4973488）470万元；唐某银行账户转入其母亲李某2银行账户（交通银行账号：622××××××0004001884）470万元；李某2银行账户（交通银行账号：622××××××0004001884）三方存管银行转证券账户470万元；随后李某2的华龙证券账户约于10：20左右买入千玺水利股票13.75万股，合计金额449.3086万元。

之所以使用李某2账户，原因在于王某1母亲于某年事已高，王某1顾虑其精力有限、担心她不能够周全地完成交易指令，再加上王某1工作事务繁多，也无闲暇时间能充分顾及具体的操作细节，而唐某跟随王某1多年，有信任基础，买卖股票时间充裕，熟悉下单操作，比较容易执行股票交易的

指令，因此由她掌控的账户比较容易实现王某1投资行为。

（三）2021年9月9日，王某1指令唐某卖出千玺水利股票

2021年9月8日千玺水利股票复牌并公告控制权变更事宜，王某1由此知悉收购事项并在当时认为：一是中报业绩以及市场对于控制权变更的利好释放，已然当天反应并予以体现；二是在当时的时点判断，除控制权变更因素之外能否持续支撑走强尚不明朗；三是更重要的王某1顿感不安的心理感受，原因在于，因中报业绩而在先买入股票，恰又偶合其后知悉的控制权变更情况，不由自己心生顾虑、忐忑不安。在此三重因素影响下，王某1担心自己的买入行为“瓜田李下涉嫌之地”引起不必要的误解，遂于9月9日上午通知唐某一开盘即卖出股票。唐某在9月9日9：35全部卖出千玺水利股票。因此，9月9日9点35分左右，李某2的华龙证券账户卖出千玺水利股票13.75万股，合计金额581.0793万元。

上述交易完全由王某1指令，上述用于交易股票的资金、证券账户、交易行为均由王某1实际控制，唐某仅是听从王某1交易指令操作账户，对于股票买卖背景情况、信息、决策依据等均毫不知情。

从9月9日王某1的卖出股票指令可以看到，王某1并非单纯的二级市场投机逐利者。9月8日，王某1已知悉千玺水利股权交易、控制权变化的事项、信息及其对于股票市场价格的利好影响。如果事先知情，必不会买入。假设提前知情、主动意图博利，则蓄谋投机、刻意逐利的主观动机，必使王某1的客观行为显现出自然持股至阶段性高位（70.88元）左右再逢高抛出、获取巨额的交易利润，事实上王某1也完全可以并有条件按此操作。但是，王某1因确实没有主观故意，前述假设自始不成立，故在千玺水利股票后续交易日持续走高、涨停的趋势下，王某1反而在复牌涨停后仅持有一天即反常全部卖出。

（四）基于同一时段其他标的股票的交易事实，买卖千玺水利股票纯属王某1交易惯性的自然延续，是交易逻辑和惯例遵循的常态化交易习惯的正常体现

王某1平素从事品类繁杂的多只股票投资，日常交易习惯是短线、活跃、

多频次，尤其是对过往交易的目标股票，往往加以关注、持续跟踪并波段操作、轮次交易、短线买卖，重复操作。

2020年以来，王某1控制的李某账户、于某账户（含两融账户）、吴某账户，股票交易标的有200至300余个，累计买入成交金额超过500万元的有100至150余个，累计买入成交金额超过1000万元的约有100个，累计买入成交金额超过2000万元的约有50个，累计买入成交金额超过3000万元的约有30个，累计买入成交金额超过5000万元的约有10个，累计买入成交金额超过1亿元的至少有1个。2020年以来，针对2年仅有的420天交易日而言，单日买入同一标的成交额超过500万元的约有200次，超过1000万元的约有50次，超过2000万元的约有10次，超过3000万元的约有5次。

2021年8月26日，买入同一标的超过500万元的股票有：崇析股份（1102万元）、奥克股份（557万元）、联创股份（556万元）、三孚股份（657万元）。

2021年8月27日，买入同一标的超过500万元的股票有：崇析股份（1873万元）、JS拓扑（928万元）、东方电气（1147万元）。另买入天华超净（432万元）、西藏矿业（968万元）。

2021年8月30日，买入同一标的股票超过500万元的有：崇析股份（1052万元）、JS拓扑（1336万元）、鲁北化工（506万元）。另买入合盛硅业（377万元）。

2021年8月31日，买入同一标的股票超过500万元的有：地奇矿业（1018万元）、JS拓扑（652万元）、崇析股份（560万元）、株冶集团（688万）。

2021年9月1日，买入同一标的股票超过500万元的有：天山重金（2463万元）、东方电气（935万元）；另买入崇析股份（485万元）。

2021年9月2日，买入同一标的股票超过500万元的有：永和股份（661万元）。

2021年9月3日，买入同一标的股票超过500万元的有：晨鸣纸业（2172万元）、天山重金（507万元）、JS拓扑（1187万元）。

2021年9月6日，买入同一标的股票氯碱化工762万元。

从同一时段王某1的其他股票交易记录可以看出：

1. 2021年8月31日，买入千玺水利股票金额占当日王某1买入股票全部金额的比例约为12.9%，买入千玺水利股票金额占当日王某1买入最大交易金额股票地奇矿业的比例为44%（2021年4月28日地奇矿业公告：预计2021年6月归属于上市公司股东的净利润为：-13,000万元至25,000万元，与上年同期相比变动幅度：81.34%至64.11%。而王某1交易该股立足于营收亏损大幅收窄、业绩趋好的买入逻辑，与基于8月底中报披露而买入千玺水利如出一辙），当日买入金额超过千玺水利买入金额的股票交易标的有4个。2021年8月26日至9月6日期间，王某1买入单只股票金额超过千玺水利交易金额的标的有8个，另外买入单只股票金额与千玺水利交易金额相当的标的有2个（近一年来，基于买卖千玺水利股票的同样交易逻辑，王某1买卖地奇矿业、JS拓扑、锐利资源、山巅股份等其他标的股票的交易情况，详见下文关于其交易记录的整理明细）。

2. 针对同一股票，根据过往交易的操作经历，王某1经常在同一波段持续跟踪，然后短线交易、轮次买卖，且交易金额较大。例如崇析股份，王某1仅在2021年8月26日~9月6日的7个交易日中，就买入5次；JS拓扑买入4次；天山重金2次。王某1买卖上述股票的交易依据，即据以交易的基本原因在于：

（1）崇析股份：在行业及研报层面，该股于8月5日发表先进制造工艺研发能力、参与航空航天零部件制造，并与多家航空龙头企业开展业务合作的报道；在市场层面，2021年8月市场军工题材个股表现活跃，恰逢该股走出长期调整走势、成交量不断放大，市场公布机构买入踊跃。据此，王某1综合判断该股属于机构发掘题材股，当时存在短期爆发力，故在2021年8月27日~2021年9月1日连续买入崇析股份1873万元、1052万元、560万元、485万元。

（2）JS拓扑：在业绩基本面等层面，该公司8月17日公布的中报业绩披露净利润同比增长17594%，实现业绩大幅增长，而同期该股也出现同步股价上升通道走势，且估值较低；在行业层面，当时8月以来化工品基础期货价格持续走高，而该公司作为国内醋酸行业龙头企业，相关技术积累深厚，在行业内具有较强的优势。据此，王某1综合判断该股业绩增幅巨大，作为行业龙头当时估值较低，故在2021年8月27日~2021年9月3日，王某1连续买入JS拓扑928万元、1336万元、652万元、1187万元。

（3）天山重金：在宏观政策层面，2021年7月30日的政治局会议，明确提出"发展专精特新中小企业"，而该股具有政策性驱动的自发利好；在业绩基本面等层面，该股介入新能源汽车产业链，2020年该公司公告镁深加工收入约5亿元，而2021年主要受益于电动车的高速增长；在行业研报层面，市场和券商分析报告不断发布有关上述公司名单入选分析报告，而该题材概念一直被王某1持续关注。据此，王某1综合判断该股联动新能源汽车产业链，且当时股价持续出现成交活跃，故结合二级市场走势在2021年9月1日、9月3日连续买入天山重金2463万元、507万元。

3. 基于买卖千玺水利股票的同样交易逻辑，近一年买卖其他标的股票的交易情况可以充分证明上述内容。例如，交易地奇矿业的记录——

交易时段：从2020年12月1日开始，其中形成大致的闭环交易有四个轮次，第一轮次从2020年12月1日买入至2020年12月9日卖出；第二轮次从2021年2月9日买入至2021年2月10日卖出；第三轮次从2021年5月24日买入至2021年5月25日卖出，第四轮次从2021年8月31日买入至2021年9月1日卖出。

交易情况：上述四轮累计完成交易21笔，成交金额共计买入39, 876, 826元、卖出38, 641, 350. 54元，账户盈亏-1, 235, 475. 46元。

第一轮次具体交易明细：

2020年12月1日至2020年12月9日，共买入221, 500股，共3笔买入成交，累计成交金额为5, 962, 905元。共卖出221, 500股，共4笔成交，累计成交金额为6, 119, 724元，账户盈亏156, 819元。

当时，王某1操作上述第一轮次的交易依据，即据以交易的基本原因在于：

新能源行业受产业政策支持、技术进步等利好因素成为资本市场共识。

公司基本面考量因素：地奇矿业布局了全球储量最大、成本最低的盐湖和锂辉石矿山，在未来全球竞争当中，锁定了长期资源竞争优势。

地奇矿业公告称“2020 年 1 月 ~2020 年 12 月业绩预测亏损大幅减少，预计 2020 年 1 ~ 12 月归属上市公司股东的净利润为：－136, 000 万元至－227, 000 万元，与上年同期相比变动幅度：77. 27% 至 62. 06%。业绩变动原因说明一方面本年锂化工品和销售较上年下降，另一方面 2019 年度计提了大额长期股权投资减值准备”。

2020 年 11 月 09 日、11 月 13 日、11 月 20 日、11 月 24 日地奇矿业二级市场公开成交回报显示买卖前五机构净买入 32, 887. 18 万元、13, 408. 64 万元、42, 196. 50 万元、47, 752. 64 万元，王某 1 由此判断在行业面出现历史发展机遇的同时，公司公告预测亏损大幅降低、结合公司的资产配置优势、机构短期持续且大额集中买入行为下，公司业绩大概率出现扭亏观点，故而随即在 2020 年 12 月 1 日 ~2020 年 12 月 9 日共买入 3 笔成交，共买入 221, 500 股，共成交 5, 962, 905 元。共卖出 4 笔，共卖出 221, 500 股，共卖出 6, 191, 224 元。

第二轮次具体交易明细：

2021 年 2 月 9 日至 2021 年 2 月 10 日，两日共买入 347, 000 股，共发生 3 笔买入成交，共成交金额为 18, 348, 228 元。两日共卖出 347, 000 股，共发生 4 笔卖出成交，成交金额为 17, 437, 258. 54 元，收益－910, 969. 46。

2021 年 2 月 1 日公司发布业绩公告“地奇矿业：2020 年 1 月 ~2020 年 12 月业绩预测亏损大幅减少。预计 2020 年 1 ~ 12 月归属于上市公司股东的净利润为：－136, 000 万元至 227, 000 万元。业绩变动原因说明 2020 年度公司预计亏损金额较上年明显减少。业绩变动的主要方面是：1. 2019 年计提了大额长期股权投资减值准备合计 53. 53 亿元人民币。2020 年度公司将根据《企业会计准则第 8 号资产减值》的相关要求，对存在减值迹象的资产进行减值测试。2. 2020 年度公司预计营业收入较 2019 年度下降。主要原因系锂化工品的价格在 2020 年 1 ~ 3 季度持续走低。叠加海外新冠疫情扩大因素导致出口份额降低，虽然锂化工品市场在 2020 年 4 季度以来有所反弹，但综合来看，公司本年产品销售均价和销量均较 2019 年有所下降”。而据王某 1 在当时观察分析得知，2020 年四季度锂化工产品产业链均不同程度出现产品报价提升，而海外市场锂矿单品报价一度高于国内市场同期价格，作为价格

"风向标"，国际市场锂原料资源品价格上涨叠加当时美元通胀预期，王某1判断公司业绩持续向好业绩拐点将很快迎来。2021年2月4日得奇矿业二级市场价格收盘跌停，但公开成交回报显示单日机构买卖前五机构净买入额11590.37万元，显示多数机构对该股仍旧看好，故此王某1在2021年2月9日至10日试验性买入短线交易。

第三轮次具体交易明细：

2021年5月24日至2021年5月25日，共买入99,200股，共发生2笔买入成交，共成交金额为5,382,328元。5月25日共卖出99,200股，共发生3笔成交，共成交金额为5,428,926元，账户盈亏46,598元。

公司股价在2021年1月29日高点每股88元至2021年4月13日每股40.13元低点，调整幅度近50%，2021年4月14日得奇矿业二级市场股价出现涨停，公开成交回报显示当日机构买卖前五净买入27,642.70万元，出现股价见底回升的有利信号。

2021年4月15日地奇矿业同时预告2021年一季度季报及2020年全年业绩预告，其中"预测公司亏损大幅减少、预计2021年1~3月归属于上市公司股东的净利润为：-19,000万元至28,000万元。2020年1月~2020年12月业绩预测亏损大幅减少"。

2021年4月28日得奇矿业正式发布2021年一季度季报及2020年全年年报。其中2021年一季度报告期内公司各"归属于上市公司股东的扣除非经常性损益的净利润由上年同期的-500,294,446.02元降至本报告期内的-158,919,170.41元，较上年同期降低75.43%，公司每股收益由上年同期-0.34降至本报告期-0.17，与本报告期内同比减少-50.00%"。而2020年年报中"六、主要会计数据和财务指标在营业收入同比2019年下滑-33.08%不利情况下，归属上市公司股东净利润由2019年-5,983,362,461.57元降至-1,833,765,744.87元，同比上年降低69.35%。实现基本每股收益由2019年-5.24元降至-1.24元"，实现营收亏损大幅收窄预期判断。

2021年4月19日地奇矿业股价涨停创出反弹新高后，二级市场当日成交回报显示买卖前五机构净买入额为20,016.69万元。2021年4月28日地奇矿业公布业绩预测"预计2021年6月归属于上市公司股东的净利润为：

-13,000万元至25,000万元，与上年同期相比变动幅度：81.34%至64.11%。业绩变动原因说明：1. 锂化工品售价及销量均较上年同期上升；2. 银团并购贷款所确认的未确认融资费用较上年同期下降；"，持续的业绩扭亏趋势、机构资金的反复参与、股价较2019年出现的明显见底回升态势，综合上述判断，王某1于5月24日至5月25日参与该股短线交易。

第四轮次具体交易明细：

2021年8月31日，买入76,900股，共发生1笔买入成交，共成交金额为10,183,365元。9月1日共卖出76,900股，发生1笔成交，共成交金额为9,655,442元，账户盈亏-527923元。

2021年8月19日、20日，地奇矿业二级市场成交活跃，其中19日市场公开成交回报显示买卖机构净买入65,764.93万元、3,413.48万元，二级市场机构投资者再度交易活跃，引发王某1的关注。

2021年8月23日得奇矿业发布公告称：公司股票连续两个交易日（2021年8月19日、2021年8月20日）内收盘价格涨幅偏离值累计超过20%，属于股票交易异常波动的情况。公司在澳大利亚奎纳纳建设的“年产2.4万吨电池级单水氢氧化锂项目”工程正在公司总部相关部门及委派到澳大利亚的技术团队、聘请的澳大利亚外部专家和Tianqil ithiumKwinanaPtyL td团队的共同努力下，按计划加紧推进调试I作进度，目前已完成公用工程，火法区的回转窑、酸化窑，湿法区的压榨I段、净化除杂和蒸发结晶等第一段的调试，力争2021年底实现项目全线贯通并投入运行，进入产能爬坡阶段，并争取在2022年第四季度达到设计产能。该项目目前仍处于调试阶段，项目投产时间尚存在不确定性，公司将在达到相关标准后按照相关规定及时履行信息披露义务。这则公告结合前期机构在二级市场大举买入行为，与王某1持续看好该板块个股的投资思路相一致，故王某1在观察其股价走势后几个交易日内于2021年8月31日至9月1日做出交易行为。

再如，王某1买卖JS拓扑股票的交易情况：

近一年来，买卖JS拓扑股票的交易事实，包括：

交易时段：从2020年12月15日开始，其中形成大致的闭环交易有两个轮次：第一轮次从2020年12月15日买入至2021年12月16日卖出；第二轮次从2021年8月26日买入至2021年9月7日卖出。

交易情况：上述两轮累计完成交易40笔，成交金额共计买入47,256,711元、卖出46,712,227.08元，账户盈亏-544,483.92元。

第一轮次具体交易明细：

2020年12月15日，共买入120,000股，该股当日共发生1笔交易，全部为买入，累计成交金额为895,530元。

2020年12月31日，共卖出120,000股，该股当日共发生1笔交易，全部为卖出，累计成交金额为847,254元。

当时，王某1操作上述第一轮次的交易依据，即据以交易的基本原因在于：

JS拓扑2020年10月28日发布公告称公司预计2020年1月~2020年12月业绩扭亏为盈。业绩变动原因说明：公司于2019年12月完成重大资产重组，相关资产释放利润，预计2020年度较2019年度扭亏为盈。

2020年10月31日公告称："公司于2020年10月30日收到中国证券监督管理委员会出具的《中国证监会行政许可申请受理单》（受理序号：202884）。中国证监会依法对公司提交的上市公司非公开发行股票核准的申请材料进行了审查，认为该申请材料齐全，决定对该行政许可申请予以受理。"

公司2020年10月28日公布第三季度报告正文："2.1主要财务数据中归属于上市公司股东的扣除非经常性损益的净利润由上年度末-7,030,373.17元增长为本报告期末53,230,905.28元。基本每股收益（元/股）由上年度末-0.0229元增长为0.0519元。"

基于上述公司公布的实质性利好因素，公司资产重组后盈利能力改善已初见端倪，非公开发行被中国证监会受理无疑是公司优化股东结构，是吸纳新鲜血液、做大做强上市公司的具体表现。二级市场股价走势也确实印证了投资者的判断，该股走出一轮快速上涨行情。王某1分析判断后在2020年12月15日，共买入120,000股，累计成交金额为895,530元。然而二级市场阴晴不定，快速地上涨后出现连续调整，出于对资金安全的考虑，按照王某1一贯交易规律，王某1在2020年12月31日，共卖出120,000股，累计成交金额为847,254元，投资收益为-48,276元。

第二轮次具体交易明细：

2021年8月26日至2021年8月31日共买入1,060,600股，该股共发生12笔交易，累计成交金额为25,419,519元。

2021年8月27日至2021年8月31日共卖出1,060,600股，该股当日发生12笔交易，累计成交金额为25,844,521元。

2021年8月31日，共买入272,600股，该股当日发生1笔交易，累计成交金额为6,521,380元。

2021年9月1日，共卖出272,600股，该股当日发生1笔交易，累计成交金额为6,520,373元。

2021年9月3日至2021年9月7日共买入636,100股，该股共发生7笔交易，累计成交金额为14,429,282元。

2021年9月3日至2021年9月7日共卖出636,100股，该股共发生5笔交易，累计成交金额为13,500,079.08元。

当时，王某1操作上述第二轮次的交易依据，即据以交易的基本原因在于：

前述王某1以公司重大资产重组后经营财务数据基本面出现明显积极变化，且定增后公司长期发展趋势得到有力保障作为参与依据。

2021年1月5日公司公告称非公开发行得到中国证监会审核通过。

2021年8月17日公司公布半年度报告中“第七条：公司主要会计数据和财务指标（一）主要会计数据中营业收入本报告期较上年同期增长161.01%；（二）主要财务指标扣除非经常性损益后基本每股收益本报告期比上年同期增加24091.07%，达到每股1.3576元”。

公司在基本面利好出现股价快速变现、出现同期将近三个月调整完成后，市场走出一波上行趋势，随着半年报的披露，公司股价在二级市场表现出“业绩优良白马股”特征。

2021年7月8日后公司股价二级市场出现成交量活跃，涨幅巨大的市场强势特征，公开成交回报信息中机构账户频繁出现在买卖前五榜单中，王某1判断该股是市场机构发掘的“潜力股”随机跟随操作。

王某1买卖锐利资源股票的交易情况——

交易时段：从2020年11月23日开始，2021年11月2日结束。其中形成大致的闭环交易有六个轮次，第一轮次从2020年11月23日买入至2021年11月24日卖出，第二轮次从2020年12月21日买入至2020年12月30日卖出，第三轮次从2021年1月13日至2021年1月22日，第四轮次从2021年7月27日至2021年7月29日，第五轮次从2021年9月28日至2021年9月29日，第六轮次从2020年11月1日至2021年11月2日。

交易情况：上述六轮累计完成交易60笔，成交金额共计买入56, 751, 598元、卖出58, 078, 345元，账户盈亏1, 328, 791元。

第一轮次具体交易明细：

2020年11月23日至2020年11月24日，两日共买入400, 000股，共2笔买入成交，累计成交金额为2, 080, 000元。两日共卖出400, 000股，共成交2, 120, 000元，累计收益40, 000元。

公司基本面：锐利资源在国内从事废旧电池回收，电子废弃物绿色处理、报废汽车整体资源化回收以及动力电池材料研发生产，成为行业领先的废物循环企业。

公司非公开发行A股股票。募投项目用于公司主营业务扩产、新能源三元材料投入生产，布局行业未来发展。股价受市场情绪、业绩低谷等不利影响出现低估的可能。

2020年11月3日公司锐利资源当日二级市场股价涨停，成交回报显示当日买卖前五机构净买入21, 096.20万元。

2020年市场进入新能源赛道投资热点，锂电池产业链作为市场新兴产业，市场投资情绪相对火热，机构调研，投资者关注度极高。而王某1也将该产业链中个股作为重点关注对象。于是王某1于2020年11月23日至2020年11月24日尝试买入，完成首次交易。

第二轮次具体交易明细：

2020年12月21日至2020年12月30日共买入3, 075, 660股，共成交21, 108, 262.4元，2020年12月21日至2020年12月30日共卖出3, 075, 660股，共成交21, 849, 983.2元，累计盈亏：741, 720.8元。

在此期间，锐利资源当日出现成交活跃迹象，随机跟随集中买入，当日涨停保守，成交回报显示买卖机构净买入 30,076.72 万元。随后该股走势伴随市场整体活跃状态，出现一波明显上行走势，王某 1 跟随该股每日波动，快进快出。

第三轮次具体交易明细：

2021 年 1 月 13 日至 1 月 22 日买入 12 笔、卖出 14 笔，累计买入额：14,910,916 元，累计卖出额：15,166,901.3 元，累计盈亏：255,985.3 元。

进入 1 月间，市场整体投资环境趋势完全呈现多头态势，新能源产业链个股更是被市场追捧，在此大背景下，锐利资源走势也表现出强势上升，对于成交量相对活跃，王某 1 个人之前密切关注的板块个股，在当时二级市场环境下，王某 1 依旧跟随该股进行参与。

就二级市场走势而言，在该股基本面于行业所处低位来说，公司年初一系列产业布局、定向增发等具体的发展动作，加之锐利资源股价成交创出历史最大成交记录，且大成交量呈现出阶段性强势，这都无疑为王某 1 的先期判断做出一定佐证，从而其持续连续参与该股的正常交易。

第四轮次具体交易明细：

2021 年 7 月 27 日至 7 月 29 日买入 7 笔、卖出 10 笔，累计买入额：14,504,380 元，累计卖出额：14,784,046 元，累计盈亏：279,666 元。

2021 年 3 月 4 日公司公告称："锐利资源：2021 年 1 月 ~2021 年 3 月业绩预测盈利大幅增加，预计 2021 年 13 月归属于上市公司股东的净利润为：24,234.06 万元至 29,741.8 万元，与上年同期相比变动幅度：120% 至 170%。公司三元前驱体和四氧化三钴的全年订单应接不暇，产能大释放。"

2021 年 3 月 9 日、3 月 26 日，锐利资源二级市场股价出现涨停，买卖前五机构净买入总额 19,640.69 万元、25,659.15 万元。连续的机构净买入成交回报再次进入观察窗口，成为王某 1 密切关注的方向品种之一。

2021 年 4 月 16 日锐利资源发布半年报业绩预测"2021 年 1 月 ~2021 年 6 月业绩预测盈利大幅增加，归属上市公司股东的净利润为：47,079.47 万元至 57,779.36 万元，与上年同期相比变动幅度：120% 至 170%"。

锐利资源发布公告称：控股子公司公开发行股票并在创业板上市申请获深交所受理，"2021 年 7 月 26 日公告，公司于近日收到公司控股子公司格林循环的通知，格林循环已于近期向深圳证券交易所提交了首次公开发行股票并在创业板上市的申请材料，并于2021年7月23日收到深圳证券交易所出具的《关于受理工西格林循环产业股份有限公司首次公开发行股票并在创业板上市申请文件的通知》（深证上审〔2021〕371号）。深圳证券交易所依据相关规定对格林循环报送的首次公开发行股票并在创业板上市的申请报告及相关申请文件进行了核对，认为文件齐备，决定予以受理”。王某1当时研判认为该利好消息会进一步刺激锐利资源股票价格出现上涨预期，在业绩叠加利好，控股子公司提出上市申请的情况下，于2021年7月27日至7月29日再次买入，参与该股交易。

第五轮次具体交易明细：

交易时段：2021年9月28日~9月29日买入1笔、卖出2笔，累计买入额：1,941,485元，累计卖出额：1,952,904元，累计盈亏：11,419元。

2021年8月27日锐利资源出现涨停，股价创出近两年新高13.4元，其中二级市场当日成交回报显示买卖前机构净买入额66,362.52元。王某1观察数日后在股价回调之际即2021年9月28至9月29日参与交易。

第六轮次具体交易明细：

2021年11月1日~11月2日买入1笔、卖出1笔，累计买入额：2,206,555元，累计卖出额：2,204,510元，累计盈亏：-2,045元。

2021年10月15日锐利资源发布：2021年1月~2021年9月业绩预测盈利大幅增加，预计2021年1月至9月归属于上市公司股东的净利润为：68,365.21万元至74,876.18万元，与上年同期相比变动幅度：110%至130%。基于此王某1在观察锐利资源出现阶段性调整后的2021年11月1日至11月2日参与了该股交易。

王某1买卖山巅股份股票的交易情况：

交易时段：从2021年1月8日开始，其中形成大致的闭环交易有三个轮次，第一轮次从2021年1月8日买入至2021年2月9日卖出；第二轮次从2021年2月22日买入至2021年3月26日卖出；第三轮次从2021年7月9日买入至2021年7月15日卖出。

交易情况：上述三轮累计完成交易53笔，成交金额共计买入

93,237,873.01 元、卖出 91,443,055 元，账户盈亏 -1,794,818.01 元。

第一轮次具体交易明细：

2021 年 1 月 8 日至 2021 年 1 月 15 日，共买入 2,039,300 股，该股累计发生 4 笔交易，全部为买入，累计成交金额为 39,609,835.01 元。

2021 年 1 月 11 日至 2021 年 1 月 18 日，共卖出 1,886,900 股，该股累计发生 6 笔交易，全部为卖出，累计成交金额为 37,802,405 元。

2021 年 1 月 19 日至 2021 年 2 月 4 日，共买入 1,780,900 股，该股累计发生 10 笔交易，全部为买入，累计成交金额为 40,000,682 元。

2021 年 1 月 20 日至 2021 年 2 月 9 日，共卖出 1,884,700 股，该股累计发生 11 笔交易，全部为卖出，累计成交金额为 40,209,636 元。

当时，王某 1 操作上述第一轮次的交易依据，即据以交易的基本原因在于：

首先是基于行业及公司认识，作为一个长期追踪市场、参与市场的投资者，新能源产业链一直是王某 1 重点关注的对象。公司基本情况的认识理解：公司主要从事生产、销售六氟磷酸锂业务。六氟磷酸锂是锂电池的重要原材料。2020 年新能源中涉及锂电相关产业的上市公司行业景气度抬升、市场交投活跃，这是政策、行业预期偏强的表现。

山巅股份 2021 年半年报中披露："公司主要从事生产、销售六氟磷酸锂业务。六氟磷酸锂是锂电池的重要原材料。锂离子电池的原材料可分为正极、负极、隔膜和电解液四大类。锂离子电池主要依靠锂离子在正极和负极之间往返地嵌入和脱嵌来完成充放电的过程。"

2021 年半年报中"四、主要会计数据和财务指标中本报告期内营业收入 751,548,683.91 元，较上年同期增加 177，15%，归属上市公司股东的净利润 204,920,691 元，较上年同期增长 708.98%，基本每股收益 0.51 元，较上年同期增加 737.50%"，从公司披露的半年报来看，王某 1 综合判断该股已出现公司业绩拐点。

从二级市场交易情绪观察该股进入 2020 年 8 月以来，日均成交量创出该股成交新高，股价更是呈现强势上升趋势，每日成交回报中机构投资者身影频繁显示参与该股交易。

因此，王某1在2021年1月8日至2021年2月9日参与该股投资交易。

第二轮次具体交易明细：

2021年2月22日至2021年3月25日，共买入597,200股，该股累计发生6笔交易，全部为买入，累计成交金额为10,035,535元。

2021年2月23日至2021年3月26日，共卖出645,800股，该股累计发生9笔交易，全部为卖出，累计成交金额为9,886,716元。

在此期间，二级市场受场内交易情绪低落因素影响，市场交易品种都出现不同程度调整，但王某1基于前期对锂电行业的基本判断，仍然维持前期对上市公司的乐观判断，故而在该股出现调整环境下依旧参与交易。2022年3月26日公司发布“山巅股份：2020年1月~2020年12月业绩预测盈利大幅减少，预计2020年1~12月归属于上市公司股东的净利润为：6019653.57元，与上年同期相比变动幅度：-81.46%。业绩变动原因说明：2020年度，公司经营先抑后扬，前三季度，受新冠肺炎疫情影响，公司累计亏损4375万元。第四季度，公司六氟磷酸锂业务发力，销售额和经济效益大幅提高，一举弥补前三季度亏损，并略有盈利”。研读公告后王某1判断该股短期受到负面消息影响较大，随即在公告日后停止参与交易。

第三轮次具体交易明细：

2021年7月9日至2021年7月14日，共买入77,100股，该股累计发生3笔交易，全部为买入，累计成交金额为3,591,821元。

2021年7月13日至2021年7月15日，共卖出77,100股，该股累计发生3笔交易，全部为卖出，累计成交金额为3,544,298元，累计收益-47,523元。

2021年4月28日公司公告称：“预计2021年1~6月归属于上市公司股东的净利润为：16000万元至20000万元。业绩变动原因说明：报告期内，公司六氟磷酸锂业务销售数量、销售价格较上年同期均大幅增长，带来公司效益大幅增长，实现扭亏为盈。”

同日并发布“2021年4月28日公告，近日，公司收到由广东科学技术厅、广东省财政厅、国家税务总局广东省税务局联合颁发的高新技术企业证书。证书编号：GR20××××××0622；发证时间：2020年12月1日；有效期：三年。根据《中华人民共和国企业所得税法》等有关规定，公司自获得高新技术企业认证通过后三年内可享受国家关于高新技术企业的相关优惠政策，按15%的税率征收企业所得税”。分析上述公告内容，该股又在进入6月出现连续快速上行、九月初该股出现调整走势，王某1择机于7月9日至7月15日参与了该股交易。

综上分析，在王某1买入千玺水利的同一时间段，针对其他标的股票的上述交易事实都源于业绩基本面、行业态势及研报公告、政策利好驱动等因素，更重要的是结合了二级市场反映的即时估值水平，还要联动对未来预期前景的预判和走势分析，以及市场交易量、成交金额、换手率、活跃度等交易当时基本态势的综合认知。买入千玺水利股票的缘由也是如此，纯属王某1日常交易惯性的自然延续，是交易逻辑和惯例遵循的常态化交易习惯的正常体现。无论从单只交易标的，还是从所持账户整体交易习惯的角度来看，这也是王某1日常短线、高频、轮次交易操作惯性的自然延续和体现。故，王某1买卖千玺水利股票是依据王某1资金实力、市场经验的个人判断，以及根据日常交易习惯觉得具有投资价值而做出的交易决策。否则，地奇矿业、崇析股份、天山重金、晨鸣纸业等股票的买入交易皆违背了基本常理。

三、王某1认购有限合伙有限合伙人份额的情况证明其并不属于内幕信息知情人员

（一）作为LP的财务投资人，与乐某1的接触

2021年8月左右，时任元通集团副总裁、首席投资官、元通材料副董事长的乐某1，酝酿自主创业、自立门户、拟成立合伙企业，以此来开创和实现属于自己的实业和事业平台；他向王某1提出筹资意愿，并希望王某1作为财务投资人能参与认购有限合伙份额。《合伙企业法》与《公司法》的制度设计差异，使得作为有限合伙人、无限合伙人的法定权利、义务不对等及差异化，与公司法规定的同股同权、同股同利的平等股东权利和义务具有法定不同。具体来讲，公司是法人，有限合伙企业不是法人机构，而只能由承担无限连带责任的普通合伙人执行合伙企业事务，并对外代表合伙企业；而作为财务投资人的有限合伙人，仅出钱不负责执行和管理，故仅承担有限责

任且不执行合伙企业事务、不得对外代表合伙企业。为此，乐某 1 与王某 1 沟通想从王某 1 这里募集些资金，并使其作为有限合伙人能认购份额 3000 万元。

王某 1 知道，元通集团的发展轨迹离不开乐某 1 力践笃行的有力担纲，从元通炭素到元通材料等几个并购项目的十余倍经济收益乃至几何倍数社会效应的递增，均离不开乐某 1 的主持与策划。因为元通集团在乐某 1 主持下被奉为圭臬的并购项目市场影响力很大，因此王某 1 相信他的资产管理能力；而他又作为王某 1 的老领导，情面因素也是王某 1 必须考虑的不宜回绝的事由，由此表示，他出来创业，王某 1 给予支持，原则同意可认购一部分有限合伙人份额，但对于 3000 万元王某 1 没有那么充裕的流动性资金，具体金额当时没有确定。

故，当时王某 1 参与乐某 1 合伙企业的主要模式为：作为有限合伙企业的有限合伙人投资，而“投钱先投人”，即乐某 1 运用其投资经验与资源负责核心投资项目，王某 1 仅进行财务投资。换言之，基于实现实业转型的内在需求，王某 1 冀望能以自有资金契合于乐某 1 过往履历和资源整合能力的条件之中，仰仗并借助乐某 1 作为项目“领路人”的车头带动效应来实现跟投。

具体而言，王某 1 作为有限合伙人，不过问具体投资事项，只负责部分资金投入。之所以如此，是因为王某 1 认为这样操作有利于实现王某 1 方团队通过财务投资实现经济学上的“搭便车”效应。因为乐某 1 的过往履历和资源整合条件，有利于带动王某 1 公司及团队对实业转型尝试的实践，再加上与乐某 1 的故旧认知，王某 1 投钱放心，还能因势地借助乐某 1 各项资源的把控优势，实现从属地位的“只投钱、不问事”的经济性和便捷性，并能作为“跟跑者”有效节约投资决策所必需的信息等成本，省时省力，何乐不为，有利于追随“领跑者”引领的具体方向和目标。

基于有限合伙人的财务投资逻辑，王某 1 充分信任乐某 1，从不过问具体投资，更始终是站在从属“跟跑者”地位，从借助东风、实现实业转型的角度考量商业。王某 1 根据自己的资金能力，参与设立企业、注入一部分资金，但作为有限合伙人，王某 1 并不过问具体投资细节。

（二）认购有限合伙企业的有限合伙人份额

法定的股东有限责任使得公司具备充当普通合伙人的有利条件，2021年8月26日，乐某1方面的工作人员通知王某1下载工商注册的手机应用，但由于王某1的苹果手机不支持工商注册App下载，便微信通知唐某用华为手机下载“浙里办”App，之后王某1刷脸注册登录App，后台已有提前录入好的H州中鑫科技有限公司的注册信息，点击确认签名后，唐某帮王某1完成了相关注册。H州中鑫科技有限公司在工商登记上的信息显示：成立日期2021年8月27日，注册资本3000万元人民币，乐某1持股比例60%，认缴出资额1800万元；王某1持股比例40%，认缴出资额1200万元；乐某1为执行董事兼总经理，王某1为监事。但是，关于上述工商登记的股权比例和任职，成立前乐某1没有告诉王某1，王某1事先不知道。办理工商登记之时非常紧急，王某1只是根据经办工作人员和中介机构的指令，登录人脸识别系统。该公司的成立，属于王某1参与财务投资合作中的投资平台设立事宜，并无对应明确的投资标的等具体信息。王某1从该公司成立起并未参与任何工作。本次事情发生后，该公司最近也做了一些经营收购行为，乐某1也没有让王某1参与、也没有按照股东会议事规则决策，H州中鑫科技有限公司完全由乐某1独立控制并运行。

2021年8月31日，以同样的方法，王某1登录“浙里办”App后，后台已有注册信息，点击确认签名后，即完成万岚科技的注册。万岚科技在工商登记上的信息显示：乐某1出资比例36.6667%，认缴出资额5500万元；许某出资比例33.3333%，认缴出资额5000万元；王某1出资比例20%，认缴出资额1500万元；章某出资比例6.6667%，认缴出资额1000万元；H州中鑫科技有限公司出资比例3.3333%，认缴出资额500万元，为执行事务合伙人。同样，办理工商登记和签署合伙协议时，王某1不在现场，也没有看到合伙协议等工商注册登记资料，王某1只是根据经办工作人员和中介机构的指令，登录人脸识别系统，经办人员电话申请代表王某1在工商注册登记资料上签字。合伙协议的文本是在2021年9月11日由经办人员发给王某1的，那时王某1才第一次看到合伙文件。王某1在合伙企业手续办理上的上述行为，都是基于对乐某

1业内影响、资源整合能力及其人品的信任。

2021年8月31日10点44分，王某1向乐某1个人账户转账130万元，是王某1以部分出资这种实际行动向乐某1表明王某1作为财务投资者真心跟随他的诚意；2021年11月11日，王某1向万岚科技转账1370万元；2021年11月11日，万岚科技退回王某1账户1500万元（8月31日的130万元+当日的1370万元）；2021年11月11日，王某1向万岚科技转账1500万元，完成该有限合伙企业的有限合伙人的实缴出资1500万元。

从王某1所处的有限合伙人、投资人、小份额投资的角度，王某1不参与合伙企业管理、不执行合伙企业事务、不能对外代表合伙企业。关于具体的投资目标、投资方式、交易结构、交易对手方等保密信息、商业机密，根本无从知悉，事实上这些核心资源均掌握在乐某1这里，其并未与王某1进行分享。王某1的主体定位、资金能力、身份地位、项目作用等都十分清晰，就是有限合伙人、小额出资人。投资逻辑就是认准有能力的管理者并直接跟从即可。

（三）与千玺水利的实际控制人以及该上市公司的接触情况

王某1确认，在8月31日之前，王某1与千玺水利的实际控制人以及该上市公司的任何人员都没有任何接触，故对于重大事项具有动议、筹划、决策、执行等权力的上市公司实际控制人如何看待、推进收购事项，是否与作为潜在收购方的乐某1方面进行接洽，是否进行磋商，是否进行排他性谈判等事宜，一无所知。

2021年9月1日，千玺水利发布《关于重大事项停牌的公告》：2021年8月31日收到了公司控股股东、实际控制人徐某1女士和徐某2先生的通知，其正在筹划涉及公司控制权的重大事项。本次交易对方傅某、万岚科技、足福仁投资拟从公司控股股东、实际控制人处受让公司约20%股权。本次交易对手方主要从事能源、投资等业务。本次交易相关事项需上市公司股东大会豁免徐某1女士和徐某2先生的自愿性股票锁定承诺。截至目前，尚未签署相关股权转让框架协议、意向书等。至此，王某1才从该公告中看到：（1）千玺水利实际控制人正在筹划上市公司股权和控制权转让；（2）交易对手方之一是乐某1主导、王某1参与认购有限合伙人份额的万岚科技。

根据王某1审慎回忆，王某1是在千玺水利停牌期间（约为9月6日或7日）陪同乐某1时，见了千玺水利徐某2董事长、董事会秘书邓某、云飞证券成某，这是王某1与上市公司相关人员的首次见面。当日王某1第一次加了邓某和成某的电话和微信，作为一位小额出资的有限合伙人，也未加徐某2董事长的微信和电话。

2021年9月8日，千玺水利发布《关于公司控股股东、实际控制人拟发生变更的提示性公告》：千玺水利的控股股东、实际控制人之一徐某1女士拟将其持有的上市公司13,722,800股份（占本次交易完成前公司总股本20.00%）转让给万岚科技、足福仁投资、傅某，转让数量分别为3,579,861股、4,773,148股和5,369,791股。同时，千玺水利与乐某1签订了《附生效条件的股份认购协议》，乐某1拟认购公司向其定向发行的股份，认购数量为18,765,638股。此外，万岚科技、足福仁投资、傅某与乐某1共同签署了《表决权委托暨一致行动协议》。上述事项全部完成后，乐某1可以支配千玺水利表决权的股份比例超过30%，乐某1将成为千玺水利的实际控制人。

至此，王某1才从该公告中得知：（1）千玺水利在本次股权交易中控制权发生变化；（2）乐某1是收购方实际控制人；（3）乐某1认购千玺水利定向增发的18,765,638股——此前从未听说这一重大安排；（4）万岚科技、足福仁投资、傅某与乐某1签署一致行动文件，除了万岚科技之外，此前从未听见过这些参与交易的主体，更不知道这些主体与乐某1有一致行动这一重大安排。王某1仅为有限合伙人投资，也从未通过介入万岚科技、H州中鑫科技有限公司的具体管理行为而参与到上述一致行动安排之中。

综上，与千玺水利股权交易有关的上述事件发展对王某1而言均为极其迅速且突然。在王某1参与投资进程中，全程仅作为有限合伙人、投资人，对于具体收购事宜并不知情；在投资合伙企业及其出资时，王某1并不清楚王某1方有限合伙企业参与收购千玺水利股份；2021年9月8日，王某1才从千玺水利公告中确知王某1方有限合伙企业参与收购千玺水利股份。直至2021年9月6日或者7日，王某1才首次与千玺水利董事长徐某2见面，在此之前从未知悉上市公司实际控制人动议、筹划本次股权交易的事项及其信息。

（四）关于知情条件的认识

鉴于上述，从知情人的主体身份界定，以及提前知情的客观要件，还有王某1一贯秉承的正常交易习惯等几个维度来看——

第一，在主体身份层面上：王某1并非本次事项的收购人，也非收购人的控股股东、实际控制人，亦非收购人的董事、监事和高级管理人员。从收购方这条线路，王某1并无据以知悉上市公司股权或者控制权重大变化的控制权、主导权或者信息参与权。需要强调的是，2022年1月14日乐某1致电王某1说：因证监局调查，故将王某1和章某二次补录入内幕知情人名单。至此，王某1方知被二次补录事实。若王某1知情人的主体身份确凿无疑，又缘何发生二次补录？其法律和事实依据何在？

第二，在提前知情的客观要件层面上：2021年8月26日、8月31日唐某帮王某1分别刷脸注册登录APP办理H州中鑫科技有限公司、万岚科技的注册信息时，王某1并不提前知悉将收购千玺水利的事项，其公司章程、股东会决议，以及合伙协议、出资确认书等工商登记信息，以及2021年8月31日王某1向乐某1个人账户转账130万元的事实，均可予以佐证。9月6日，万岚科技向市场监督管理局提请变更登记，只是在变更执行事务合伙人委派代表（由乐某2变更为王某2）、修改合伙协议等登记文件之时，通过修改后的新合伙协议第6条“合伙企业目的”明确了对千玺水利的收购事项。若收购动议、筹划及决策和执行初始时间被王某1提前知悉，又何来在8月31日的初始设立合伙企业时不将收购事项确定并记载于合伙协议，反而要推迟至停牌期间的9月6日？又何必多此一举地变更合伙协议并提请二次登记？

第三，在交易习惯的层面上：王某1根据公开市场信息从业绩逢低、预期未来趋好的角度，在2020年12月30日低位建仓、预期触底反弹开始买入千玺水利股票，交易时间持续近一年、累计完成交易24笔，延续至因2021年8月30日半年报的业绩利好而在8月31日重复买入，完全系王某1持续跟踪、重点关注、轮次交易、重复买卖、波段操作的交易习惯，与王某1日常的交易逻辑和惯例遵循的常态化交易模式，何来尖锐矛盾或严重抵触之处？

第四，在交易资金的层面上：对于收购方以约 9 亿元的资金获得上市公司千玺水利实际控制权这一事项而言，王某 1 仅出资 1500 万元，从出资金额角度来看，显然没有充足资金实力主导收购，若提前知情，何必将乐某 1 希望向王某 1 认筹的 3000 万元有限合伙人份额缩减至 1500 万元？换一个角度而言，在 8 月 31 日买入时为何不主动加仓、放大交易额？毕竟，当日 470 万元的资金调度、449 万的买入金额，相对于 2020 年以来王某 1 单日买入同一标的成交额超过 500 万元、1000 万元、2000 万元、3000 万元的各约有 200 次、50 次、10 次、5 次而言，岂不是以“小巫见大巫”般相形见绌，极不合理？而且，王某 1 当日买入金额超过千玺水利的其他股票交易标的就有 4 个，当日买入千玺水利的股票金额仅仅占当日王某 1 买入股票全部金额的约 12.9%、仅占当日王某 1 买入最大交易金额股票得奇矿业的约 44%，这有哪里符合提前知情的可能条件？

第五，在参与合伙的主体资格层面上；王某 1 作为小额出资的有限合伙人，法定无合伙企业的管理权限，不参与合伙企业管理，既不得执行合伙企业事务，又不能对外代表合伙企业；而且，从业内约定俗成的行业规矩角度来看，王某 1 实际上对于相关重大交易的任何信息均无管理权、知情权，客观上也没有从收购人方面的主导者乐某 1 那里流转给王某 1 任何与收购事项有关的信息，何来提前知情的法定条件？

综上，结合以上五个层面，无论是主观动因还是客观行为，王某 1 都无充分必要的提前知情条件，更不存在提前知情的客观事实和确实、充分的依据。

因此，本案中，王某 1 不构成《证券法》中的“内幕信息知情人”与《刑法》中的“内幕信息的知情人员”，其交易并未基于内幕信息，且符合其交易习惯，具有明显的正常性，其行为不构成内幕交易违法犯罪。

第四章

操纵证券市场罪的行为模式

——李某操纵证券市场案辩护意见

[辩护逻辑]

对于认定以“连续交易”的方式成立操纵证券市场罪的情形，应当比照“自买自卖、对倒交易”等异常交易行为设立“交易量”的标准，达到此交易量标准的才构成本罪，此交易量标准以下则属于行政处罚的范围。“利用信息优势型操纵证券市场罪”的构成要件应当包括以下内容：行为人以利用“虚假”信息优势这种不正当的手段，连续交易股票，误导了一般投资者的决策，从而影响了正常的股票价格和交易量，扰乱了正常交易秩序；或者行为人利用“真实”信息优势，连续交易股票达到了具体量的标准，误导了一般投资者的决策，从而影响了正常的股票价格和交易量，扰乱了正常交易秩序。

[案情]

2009 年至 2015 年，被告人李某成立上海泽熙投资管理有限公司、上海泽熙资产管理中心等多家有限责任公司及合伙企业（统称泽熙公司），由被告人李某实际控制，发行“泽熙 1 期”至“泽熙 12 期”、“泽煦”、“泽熙增煦”、“瑞金 1 号”等信托产品（统称泽熙产品），进行证券投资。李某在妻子应某 1（另案处理）配合下，以亲友郑某、泽熙公司员工韩某、员工的亲友潘某等人名义开设大量证券账户供李某控制、使用。李某以自有资金注入上述账户，指令应某 1、胡某、王某 1 等人具体操作；李某还与周某、应某2、杨某、徐某及被告人竺某等人约定，由上述人员自筹资金，以本人及其亲友名义开设证券账户，根据李某指令买卖股票，获利与李某按比例分成。通过上述方式，李某实际控制近百人的证券账户。

2012 年至 2015 年，被告人王某 2 成立极限资产管理股份有限公司、克州喜马拉雅工程咨询有限公司、新疆金鲨资产管理有限公司，使用上述公司账户进行证券市场投资。其间，王某 2 还以亲友及公司员工名义开设并实际控制近 20 人的证券账户，进行股票买卖。

2010 年至 2015 年，被告人李某单独或与被告人王某 2、竺某共同与华丽家族股份有限公司（以下简称华丽家族）等 13 家上市公司董事长、实际控制人合谋后，按照李某等人要求，由上市公司董事长或实际控制人，控制上市公司发布“高送转”方案、释放公司业绩、引入热点题材等利好信息的披露时机和内容，由李某、王某 2、竺某利用合谋形成的信息优势，通过实际控制的泽熙产品证券账户、个人证券账户择机进行相关股票的连续买卖，双方共同操纵上市公司股票交易价格和交易量，在股价高位时减持上市公司股份，或将提前建仓股票、定向增发解禁股票抛售，从中获利。

起诉书认定，被告人李某触犯《刑法》第 182 条第 1 款第 1 项，与他人合谋，利用信息优势连续买卖，操纵证券市场价格和交易量，情节特别严重，构成操纵证券市场罪。

[辩护意见主文]

认定本罪成立的关键在于证明被告人李某的行为及其特征符合刑法意义上的“利用信息优势 + 连续买卖”，且这两个要件必须同时具备。

一、被告人李某的涉案行为不符合成立操纵证券市场罪所要求的“利用信息优势”要件，其并未利用信息优势来操纵股票价格和交易量

起诉书的指控逻辑是，上市公司董事长或实际控制人具有信息优势，李某因为与其合谋而具有了信息优势。公诉机关认为李某所具有、利用的信息优势主要在于，李某控制了上市公司发布“高送转”消息的节奏、内容，因

而比一般投资者提前知悉“高送转”信息。

（一）“高送转”的“信息优势”具有时间性，被告人李某所具有的信息优势并非一直持续不断

公诉机关将被告人李某等人的“合谋”作为起始点，并将其后所有的行为均视为一个整体来评价，将建议“高送转”、实施“高送转”、大宗交易减持等环节均作为实现“合谋”之犯罪意图的具体环节和步骤，而这种整体性指控忽略了一个重要问题，即所谓李某具有的“信息优势”并非一以贯之地存在，而是在某个时间节点丧失。相应地，李某丧失“信息优势”之后的行为，即使构成“连续交易”，但因为不具有“利用信息优势”这一个定罪要件，从而无法归为犯罪。

据《中国证券监督管理委员会证券市场操纵行为认定指引（试行）》（以下简称《市场操纵认定指引》）第 19 条可知，信息优势是指行为人相对于市场上一般投资者对标的证券及其相关事项的重大信息具有获取或者了解更易、更早、更准确、更完整的优势。本案中，李某所具有的信息优势可概括为：相较于其他一般投资者，更早、更容易地知道了上市公司会发布“高送转”的利好消息。至于上市公司何时发布“高送转”的利好、内容是什么等具体信息，李某同一般投资者一样不知情。

基于前述李某对“高送转”这一利好所具有的信息优势内容可知，在“高送转”的“预公告日”这一时间节点，一般投资者即可与李某同等知晓，他们对“高送转”利好消息的掌握具有平等性、公平性，易言之，预公告日李某即丧失信息优势，其此后的行为未利用任何信息优势。以某某材料公司为例，在某某材料预公告“高送转”利好消息之后，股价便有明显上涨，由此可知是广大投资者在知悉这一利好消息后大量买入股票，引发供求关系变化使得股价发生变化。这一客观存在的现象，亦可佐证在“高送转”预公告之后，李某与一般投资者对于信息的知情是平等的，前者不具有任何信息优势。

（二）“利用信息优势”操纵证券市场的行政处罚与刑事制裁的界线

1. 行为人利用“虚假信息”来误导一般投资者，才是值得以本罪进行刑

法评价的行为。

从信息本身的性质来看，其有真实与虚假之分，若利用信息优势构成操纵证券市场罪，那么利用真实信息进行的操纵与利用虚假信息进行的操纵，二者在入罪的标准方面是否应当有所区分？再进一步而言，二者在犯罪的主观恶性和社会危害性层面是否应当有所区分？综合本罪的立法本意和社会常理进行刑法学解释可知，二者在入罪标准上应当有所区分，以实现刑法本身的逻辑自洽，以符合行政执法权与刑事处罚权之间的合理衔接。

纵观本案所涉事实，即使认为李某利用了信息优势，其在与大多数上市公司合作过程中所利用的也是真实的信息、信息优势。在考量主观恶性和行为的社会危害性方面，应当作出相较于利用虚假信息及优势来操纵证券市场而言，更加轻缓的认定和处罚，这是设立行政处罚和刑事处罚两种不同法益救济和恢复方式的应有之义。

同时，《最高人民检察院、公安部关于公安机关管辖的刑事案件立案追诉标准的规定（二）》（2010 年版，以下简称《立案标准（二）》）第 39 条第 1 至 7 款明确规定了 7 种应当以操纵证券市场、期货罪立案追诉的情形，包括连续交易、对倒交易（又称“对敲”）、自买自卖、虚假申报、虚假推荐（又称“抢帽子”），且证券市场上还有“尾市拉抬”等为业内人士熟知的操作方式，综合比较这些操纵行为的特征可知，操纵手段的“虚假性”是它们的共性，即利用“虚假信息”或“虚假交易”不正当地影响或者误导投资者、影响交易决策的行为，才可归为操纵行为，换言之，即买卖股票的操作行为具备“手段的不正当性”才可能成立操纵行为。而在本案中被告人李某所利用的“高送转”信息本身是真实的，经过了上市公司的内部表决，也严格遵守信息披露规则进行了披露，其并未利用不正当的手段误导投资者，因此不能成立操纵行为。

2. 行为人利用（真实）信息优势进行股票交易达到一定“交易量”的标准，才值得以本罪进行刑法评价。

从体系解释的角度看，《刑法》第 182 条第 1 款将利用资金优势、持股或持仓优势、信息优势三种情形相并列置于同一条款之中，且《立案标准（二）》第 39 条第 1 款明确规定了“利用持股优势操纵证券市场”的具体

“交易量”的要求，在逻辑上即可解释为此条款规定的交易量要求对于“信息优势”同样适用，或者说对于成立“利用信息优势”操纵证券市场罪同样有着交易量的要求，这样才能实现刑法条文本身的逻辑自洽，以及《刑法》和《立案标准（二）》之间的逻辑统一。

换言之，在利用信息优势成立操纵证券市场罪的行政处罚和刑事处罚之间，应当设定以交易量为区分标准的界线，比如按照《立案标准（二）》所规定的两个“30%以上”的标准来作为二者之间的区分界线，这也是目前刑法和证券法律规范中唯一可知的交易量标准。本案被告人李某利用信息优势进行交易的交易量远未达到前述规定标准，因此其利用信息优势的行为在性质上并不符合刑法的要求，即便存在违规利用信息优势的情况，也仅是违反行政法规，属于行政处罚的范围。

3. 本罪的“利用”信息优势，本质上应当理解为“滥用”信息优势，且滥用的构成是以违反行政法规为前提。

利用信息优势操纵证券市场，影响股票价格和交易量，要求行为人不仅必须具有左右其他参与者投资决策的信息优势，而且其对信息优势的使用还必须违反了法定限制条件进而构成滥用。这是因为信息优势本身的具有并不为法律所禁止，而且是所有市场参与者都渴望通过努力而拥有的竞争力。因而滥用信息优势，人为控制股票市场行情，破坏股票市场正常供求关系和自由竞争机制，进而损害投资者的合法权益，才是利用信息优势操纵证券市场行为的本质特征和危害实质所在。

如前述分析，李某所利用的“高送转”信息本身是真实的，发布程序合法，并未违反证监会和交易所制定的相关信息披露规则，且利用信息优势买卖股票未达到一定交易量的标准，因而不构成滥用信息优势，本质上不符合本罪所要求的“利用信息优势”。

按照公诉机关的指控，被告人李某与上市公司董事长或实际控制人合谋，控制上市公司发布“高送转”利好消息，并借着这种利好消息连续交易助推股价上涨，最后高位减持股票实现非法获利，这一系列行为中李某对信息优势的“利用”体现在连续交易股票这一环节，前面的合谋、发布“高送转”消息这些只是利好消息的形成过程，而非利用行为。由此，既然“利用”信息优势体现在连续交易这一环节，而利用信息的本质是滥用信息优势，“滥用”本身即包含着“交易量”的要求（利用信息优势连续买卖大量的股票才可能影响股票价格和交易量），因此“利用”信息优势这一定罪要件本身也相应地包含着“交易量”的要求。

（三）“高送转”信息的可操纵性特征不明显，利用信息优势操纵证券市场的可能性很低，而认定操纵行为则必须达到明显优势证明标准

所谓“高送转”信息的可操纵性，是指人为控制“高送转”利好消息的发布节奏和内容等的可能性，这种人为控制可能性越高，则其可操纵性特征越强、越明显，反之亦然。

1. “高送转”信息的属性是中性的，不必然属于利好消息。

从信息的属性来看，人们对信息的理解和利用是主观的，但信息作为一种存在本身是客观的。在股票交易中，会出现上市公司发布利好消息后其股价并未上涨甚至下跌的情形，本案所涉上市公司股票也存在这种情形。可知，投资者对于“高送转”信息是否属于利好消息的判断，会综合考虑很多因素，这种个体判断是主观的，但不影响“高送转”信息本身的客观性。股票价格会受到诸多复杂因素影响，其中有些因素会抵消“高送转”信息的利好性。

从“高送转”信息的具体实施来看，必然需要公司具备相应的实际能力，比如盈利能力、股本总量等，这些信息是完全对外公开的，一般投资者均可知悉，“高送转”的消息可信度直接受制于公司的客观能力，这并不会因为主观的操纵意图而改变。

本案中李某向上市公司董事长或实际控制人建议“高送转”并不违法，这是其作为上市公司股东的权利，这一点在《公司法》和证监会制定的规范性文件中均有体现。一方面，据《公司法》第102条规定，单独或者合计持有公司百分之三以上股份的股东，具有临时提案权；另一方面，据《中国证券监督管理委员会关于进一步落实上市公司现金分红有关事项的通知》的内容也可知，股东对于上市公司利润分配政策和股东利益回报规划等的制定及实施，有着充分的建议权、知情权和参与决策权。

2. “高送转”作为利好消息的可操纵性特征不明显。

从信息披露和公司治理角度来看，“高送转”利好消息的产生、决议、发布全过程，首先是需经上市公司内部依据相应程序和规则来进行，比如董事会的决议、股东大会的批准，上市公司董事长或实际控制人也不能操纵董事会、股东大会，李某连上市公司董事长或实际控制人都无法操纵，更遑论操纵上市公司通过相关议案并发布相关公告。

其次，“高送转”利好消息需按照证券法及交易所的规定进行披露，且披露的时间、内容等均有既定规则的约束，上市公司发布包括“高送转”预公告和公告、季报、半年报等均是履行法定信息披露义务的行为，而并非董事长或实际控制人可以随意控制并随时发布的，李某也更不可能操纵上市公司随意发布。

可见，人为控制“高送转”利好消息的发布节奏和内容等，需要同时克服前述内外双重规则的约束，从理性分析的层面看是难以实现的。换言之，即便“高送转”利好消息可以进行人为的控制，其可操纵性的特征也是极为薄弱的。

综合全案事实来看，李某对所涉 13 家上市公司所谓“控制‘高送转’利好消息的发布节奏和内容”的特征并不明显，操纵性的表现并不突出，具体体现在三个方面：第一，上市公司发布“高送转”的利好消息本身是真实的，并无虚假欺骗；第二，上市公司发布“高送转”利好消息的程序完全合法，不存在违反信息披露规则的问题；第三，不少上市公司在李某建议“高送转”之前，便已自主决定进行“高送转”（比如某某材料），况且李某建议的“高送转”内容，上市公司往往并未采纳，而是依据公司实际情况制定“高送转”方案，并按照公司的节奏自主决定发布的时间和内容（比如李某建议某某材料 10 送 20，某某材料自行决定 10 送 15）。

因此，当“高送转”消息本身不必然属于利好消息，进而不能必然影响投资者决策时，加之“高送转”消息的发布受到公司治理规则和信息披露制度的约束，则利用“高送转”信息来操纵证券市场在客观上亦不可能，或者可操纵性很低。

3. 操纵行为的认定有着较高的证明标准，本案并无证据证明李某的行为达到了认定标准。

其一，《市场操纵认定指引》第 54 条明确规定“操纵行为的认定，应当适用明显优势证明标准”，又称为“清楚的、明确的、令人信服的”标准，这是行政诉讼所一般采用的证明标准，其是相较于民事诉讼的“优势证明标准”、刑事诉讼“排除合理怀疑标准”而言的，“明显优势证明标准”的证明严格程度介乎民事诉讼和刑事诉讼二者之间，本案并无证据证实公诉机关的指控达到了这一证明标准；

其二，《市场操纵认定指引》第 14 条也明确规定，操纵行为是指行为人的行为是证券交易价格异常或交易量异常的“重要原因”，而公诉机关所举证的 13 份证监会的行政认定函中，表述均为“李某的行为影响了、明显影响了股票交易价格和交易量”，并未明确认定李某的行为是导致涉案公司股票价格和交易量异常的“重要原因”，即证监会未认定李某的行为属于操纵行为；

其三，若以本罪来评价被告人李某的行为，则必须证明李某利用信息优势的交易行为与本罪危害结果之间存在因果关系，而公诉机关举证的鉴定意见书和行政认定函中仅依据李某的“参与交易日占比”“偏离值”这两项数据来认定因果关系，忽略了“交易量占比”这一关键数据统计，是无法成立的。

二、被告人李某在本案中的股票交易行为，并非全然符合操纵证券市场罪所要求的“连续交易”要件，其涉案期间的一些股票交易不属于连续交易

《市场操纵认定指引》虽然明确给出了“连续交易”的概念，但根据起诉书的行文思路和指控逻辑来看，似乎有些从形式上理解之嫌。

（一）连续交易的实质必然包含着“交易量”的要求，被告人李某的交易远未达到操纵所需的“交易量”

《市场操纵认定指引》第 21 条明确规定：连续买卖，是指行为人在某一时段内连续买卖某种证券；在 1 个交易日内交易某一证券 2 次以上，或在 2 个交易日内交易某一证券 3 次以上的，即构成连续买卖。从反证的角度来理

解，可以追问：是否任何买卖股票的行为符合前述规定，即可构成连续交易？比如，行为人在1个交易日内连续2次以上交易1股股票，是否仍可构成以连续交易方式操纵证券市场？从社会危害性来看，将前例中的“连续交易”1股股票的行为认定为操纵证券市场罪，仅依常理和情理便可知其不妥，何况刑法作为其他所有法律规范的补充和保障，其应当具有谦抑性。

根据公诉机关所列举的证据，从交易数据能看出李某存在不少“只买不卖”或者“买进后隔几月后才卖出”的情形，但公诉机关仍将这一部分交易量及其获利计入犯罪数额和违法所得。在李某并无买卖股票的期间，股价依然大幅度上涨，这也可以佐证股价上涨不是李某的连续交易行为所致。比如“文峰股份”，从2015年3月6日至4月7日，李某的账户组无任何委托、交易行为，股价依然涨幅147.53%，同期大盘涨21.95%。

《刑法》第182条将连续交易规定为操纵证券市场犯罪的手段进行打击，显然应当将“连续交易”放在本罪的前提和框架下来理解，换言之，连续交易的行为必须符合操纵证券市场罪的本质特征——影响股票价格和交易量，只有连续交易构成异常交易行为，才可能符合操纵证券市场罪中的“连续交易”之实质含义。否则，对诸如前述举例中的“连续交易1股股票”的行为进行刑法评价和制裁，不仅有违此《刑法》条文本意，还有扩大刑罚打击的嫌疑，更是浪费有限的司法资源。

此外，如前所述，从刑法学体系解释的角度同样可以得出“连续交易”不能仅从形式上理解的结论，其应当同样具有如“自买自卖”“对倒交易”等《立案标准（二）》规定的操纵行为一样的具体交易量标准。《立案标准（二）》第39条明确列举了7种构成操纵证券市场罪的异常交易行为，包括连续交易、自买自卖等，该条款对于自买自卖、对倒交易等行为均明确了具体数量要求，从刑法条文逻辑自洽角度，可知对“交易量”的要求同样适用于连续交易，以实现形式解释与实质解释的统一。

（二）“交易量”的大小区分构成对“连续交易”行为进行行政处罚和刑事制裁的界线

在前述分析构成“连续交易”需要“交易量”要求的基础上，进一步从操纵证券市场罪的本质来理解其内涵。前已述及，本罪的本质特征或者社会危害性主要表现为影响股票价格和交易量。那么，若行为人在1个交易日内连续2次以上交易1股股票，是否仍可构成连续交易并影响了股票价格和交易量？此连续交易行为是否已经无法为行政处罚所涵盖，因而必须动用刑法评价？再如，本案中被告人李某买入股票后，几个月之后才卖出股票，这种行为是否仍需越过行政处罚的边界而动用刑事制裁？显而易见的是，无论这种行为本身的主观恶性，还是其所导致的社会危害，均不足以触发刑事处罚，否则以国家追诉的方式发动对公民的最严厉制裁，便显得过于轻率，公民合法权利有随意被侵犯之虞。而且，还有“法无明文规定不为罪”的刑事法律原则，因此对此条文的解释应当做到形式与实质相统一。

一言蔽之，对于认定以“连续交易”的方式成立操纵证券市场罪的情形，应当比照“自买自卖、对倒交易”等异常交易行为设立“交易量”的标准，达到此交易量标准的才构成本罪，此交易量标准以下则属于行政处罚的范围。再进一步即可得出结论，操纵证券市场罪本质上要求有具体“交易量”及其所致危害结果，而非单纯的行为犯。

（三）“交易量”构成论证连续交易行为与本罪危害结果之间因果关系的关键

从刑法因果关系的角度，同样可以得出前述应当设立“交易量”标准的结论。公诉机关要认定李某成立本罪，还必须证明是李某的连续交易行为导致了股票交易价格和交易量异常变动的危害结果，即必须证明二者之间的因果关系。而要证明因果关系的成立，只有从“交易量”入手才具有论证力和说服力，公诉机关提供的司法鉴定意见和证监会行政认定函，仅依据“参与交易日”和“偏离值”两项统计指标的异常来认定因果关系成立，缺乏数据支撑和论理说服。

第一，证监会的行政认定函中，所列明的李某参与“××股份××交易日，账户组在其中××交易日有成交，占比××；其中，××个交易日买入，占比在××以上的共有×个交易日，占买入日数的××，××个交易日卖出，卖出占比在××以上的共有×个交易日，占卖出日总数的××”等，仅是对参与交易时间的统计，不是对具体参与交易量的统计，因而不能证明是李某的连续交易行为导致了证券价格和交易量异常，缺乏行为与危害结果之间的因果关系论证。

证监会认定函的这种简单列明，一方面仅能证明李某确实参与了股票交易，但参与买卖股票本身并不违法；另一方面也仅能证明李某买入和卖出股数占当日该股买卖量的占比，但无法准确解释是李某的交易行为如何导致了交易异常，具体达到什么交易量才导致交易异常。

第二，证监会的行政认定函中，所列明的李某参与“××期间××股份累计涨幅××，同期中小板综指累计涨幅××，偏离××”等，这种以“偏离值”大小来认定李某连续交易行为导致了股票价格和交易量异常，也缺乏行为与危害结果之间的因果关系论证。

客观而言，证监会所选取的诸如“中小板综指”“创业板综指”等可比指数均是相关板块所有股票按照一定计算公式计算出的综合指数，证券市场上不可能有任何一只股票与这些可比指数的走势完全一致，均存在不同程度的偏离，换言之，选取市场上任何一只股票，均有可能高于本案所涉股票的偏离值，而且在大盘暴涨或暴跌时，个股同可比指数的偏离情况会更加严重。

不过，现行刑法及相关证券法律规范中，对于偏离值达到多少才构成交易异常，从而构成对证券市场的操纵，并未明确具体量的标准。而根据前述《市场操纵认定指引》明确规定的“重要原因”，其显然是要求有具体量的标准和界定的。证监会的认定函仅粗略地以偏离值来推导构成操纵证券市场罪，并没有明确具体量的标准，但这样的统计和认定是不合理、不严谨的，更不能依据偏离值来认定李某操纵证券市场。

因此，公诉机关在论证李某的证券交易行为构成操纵证券市场的过程中，既没有证明李某的交易行为在成千上万的交易行为中的具体作用，也没有证明本案所涉股票在交易量和交易价格方面异常于其他股票，也即无论在情形上还是在结果上都不能证明本案所涉股票价格和交易量被李某操纵的结论。

综合前述内容可知，对于操纵证券市场罪的成立，立法不仅要求在质上系影响股票交易价格和交易量的行为，而且要求在量上必须具有影响证券市场行情的具体危害结果，此即“情节严重”的立法规定。《立案标准（二）》对情节严重的解释，其实是对操纵证券市场行为本质的进一步重申，即滥用证券市场优势行为，只有在主观上出于操纵证券市场的意图，客观上具有操纵证券市场的可能性并造成了实际危害结果，才能具备操纵证券市场罪的法定构成要件，构成操纵证券市场行为。所以，在我国操纵证券市场罪就其客观定罪要件而言，应当是结果犯，而非行为犯。

因此，对于“利用信息优势型操纵证券市场罪”的构成要件的完整理解应当是：行为人以利用“虚假”信息优势这种不正当的手段，连续交易股票，误导了一般投资者的决策，从而影响了正常的股票价格和交易量，扰乱了正常交易秩序；或者，行为人利用“真实”信息优势，连续交易股票达到了具体量的标准（比如连续20个工作日内连续交易量达到该股票同期总成交量的30%），误导了一般投资者的决策，从而影响了正常的股票价格和交易量，扰乱了正常交易秩序。

究其根本，辩护人认为造成本案所涉上市公司股价和交易量出现异常的真正原因在于——李某所具有的“名人效应”引发投资者大量跟进买卖。本案所涉13家上市公司积极寻求与李某合作，也是意在利用李某所具有的名人效应。事实上在证券市场中，有相当数量的资深投资者长期跟踪李某买卖股票，甚至于专门跟踪李某开设账户的证券营业部和交易席位号的动向（比如证券业内俗称的“龙虎榜”，根据其揭示的买入和卖出前几位营业部，可以揣测主力运作意图）。而李某利用自身具有的“商业信誉”“名人效应”并不违法，《刑法》也并未规定“利用商业信誉优势”操纵证券市场罪，其反倒是合乎证券市场属性、为证券市场所鼓励的行为。

三、被告人李某参与定向增发和大宗交易减持的行为不属于操纵证券市场罪规制的对象

（一）从大宗交易的概念及其制度设立意义、目的来看，其独立于二级交易市场，不在操纵证券市场罪规制的范围之内

根据《上海证券交易所交易规则》（2013）的规定可知：第一，该交易规则对大宗交易设立了区别于二级市场交易的标准，比如，A股单笔买卖申报数量应当不低于30万股，或者交易金额不低于200万元人民币；第二，大宗交易申报方式和申报时间均不同于二级市场交易，比如，15：00至15：30

接受固定价格申报大宗交易；第三，大宗交易不纳入证券交易所即时行情和指数的计算，成交量在大宗交易结束后计入该证券成交总量，即大宗交易的成交量不计入二级交易市场的总成交量，这种独立的统计，也是为了隔绝大宗交易与二级市场，维护二级市场的稳定，这正好鲜明体现了大宗交易制度设立的目的和意义。

操纵证券市场罪的本质在于人为影响股票交易价格和交易量，误导投资者进行决策，从而扰乱了证券市场的正常交易秩序，侵犯了投资者的合法权利。从本罪的危害性特征和所保护的法益即可知，其隐含着保护对象是二级交易市场的涵义。而大宗交易市场与二级交易市场是两个独立的交易系统，前者在证券行业内被通俗地称为“一级半市场”，并不在操纵证券市场罪所规制的“二级市场”之内。

（二）定向增发也不涉及二级市场，不在操纵证券市场罪规制的范围之内

定向增发，是指上市公司向符合条件的少数特定投资者非公开发行股份的行为，上市公司向特定对象发行的股票是上市公司的新增股票，并非已经在证券交易所进行交易的存量股票，而且投资者认购上市公司定向增发的股票通常会有至少 1 年的锁定期，绝无可能对证券市场产生任何影响，因此李某认购上市公司定增股票的行为并不会对证券交易市场产生任何影响。

四、本案中 13 家上市公司和被告人李某运作股票的方法，符合市值管理制度的要求和内涵，根据李某和上市公司董事长或实际控制人的供述也可知他们确实存在市值管理的计划和安排

《国务院关于进一步促进资本市场健康发展的若干意见》第 2 条第 6 项明确了“鼓励上市公司建立市值管理制度”。市值管理制度本身也包含着低位增持、高位减持等操作方式，以追求股价在合理水平范围内波动，体现上市公司真实价值和股票真实价格水平。

上市公司股票价值可以分为内在价值与市场价值。股票的内在价值是上市公司在存续期内为股东创造的真实投资回报的总和（如现金分红或者归股东所有的现金流）；上市公司股票的市场价值，是市场对于上市公司股票内

在价值的估计，由于市场投资者同上市公司内部人士相比，在信息获取上处于天然弱势，因此上市公司与投资者之间存在普遍的信息不对称问题。市场投资者只能根据有限信息为股票定价，其结果就是股票市价常常会偏离其内在价值。而市值管理，正是以上市公司股票内在价值为基准，通过向投资者传递更多的高质量信息，从根本上改善信息不对称状况，让投资者对于公司内在价值的决定因素有更全面的了解，从而稳定投资者预期，推动市场更加准确地为公司股票定价，缩小股票市场价值相对于内在的偏离度，使市场价值能够更好地反映股票的内在价值。

因此，李某建议上市公司发布“高送转”，也是基于市值管理的考虑，上市公司发布、实施“高送转”是符合其自身实际情况的，信息本身真实、发布程序合法，使得投资者在信息获取上更加全面、完整，刺激股价上涨也使得股价回归到上市公司真实价值水平，从统计数据来看这种涨幅波动是合理的，并不是犯罪结果与目的的实现。

五、侦查机关所扣押、冻结的财产，有部分是属于公司其他所有权人的合法财产，与被告人李某所涉犯罪行为无关；同时，本案中李某有利用泽熙基金产品购买股票，但也与犯罪行为无关，对此请一审法院予以甄别并作出判定

六、被告人李某属于初犯、偶犯，平时一贯表现良好，并无前科，且到案后能积极配合司法机关查明事实，认罪态度好，具有悔罪表现，请求一审法院依法酌情从轻量刑

根据传唤证、监视居住决定书、变更羁押期限通知书、关于对李某等人涉嫌犯罪案件指定管辖的通知等诉讼文书所记载的时间和内容可知，李某在侦查机关仅掌握其涉嫌内幕交易的犯罪线索时，便主动供述了自己涉嫌操纵证券市场犯罪的相关事实，应当成立对于操纵证券市场罪部分的自首，请法院依法予以考量。

第五章

虚假申报操纵的定罪量刑标准

——田某1等操纵证券市场案辩护意见

[辩护逻辑]

虚假申报操纵的实质特征就是通过短期的大量申报、撤单，影响特定时间节点的证券价格，从而意图或者实际通过被扭曲的价格波动所形成、放大的价差获取交易利润。所以，评价虚假申报操纵情节是否严重、是否特别严重，其核心要素就应当是撤单规模、延续次数、涉及股票数量、跨越时间、撤单比例等与短期交易紧密关联的因素。

[案情]

被告人田某2、田某3、田某1采取当日连续申报买入或卖出并在成交前撤回申报等手法操纵证券市场，其行为均触犯了《刑法》第182条之规定，犯罪事实清楚，证据确实、充分，应以操纵证券市场罪追究刑事责任，且情节特别严重。

[辩护意见主文]

辩护人的总体辩护意见是：被告人田某2、田某3、田某1等采取当日连续申报买入或卖出并在成交前撤回申报等手法操纵证券市场，并不构成“情节特别严重”。结合被告人田某1客观上参与共犯行为的程度、主观恶性显著轻微，其具有的从犯、自首、坦白等诸多法定从宽情节，恳请法院认定其情节轻微不需要判处刑罚，对其判处免予刑事处罚，或者缓刑。

第一部分关于被告人田某1被控操纵证券市场共犯责任层面的辩护意见

被告人田某2、田某3、田某1等采取当日连续申报买入或卖出并在成交前撤回申报等手法操纵证券市场，并不构成“情节特别严重”。相应地，被告人田某1结合自身具有的其他法定、酌定从轻情节，恳请法院认定其情节轻微不需要判处刑罚，对其判处免予刑事处罚或者缓刑。

具体事实与理由如下：

一、起诉书认定本案三名被告人操纵证券市场行为“情节特别严重”，在适用法律层面存在一定疑问，法律与司法解释依据不足

《刑法》第一百八十二条【操纵证券、期货市场罪】有下列情形之一，操纵证券、期货市场，情节严重的，处五年以下有期徒刑或者拘役，并处或者单处罚金；情节特别严重的，处五年以上十年以下有期徒刑，并处罚金：

（一）单独或者合谋，集中资金优势、持股或者持仓优势或者利用信息优势联合或者连续买卖，操纵证券、期货交易价格或者证券、期货交易量的；

（二）与他人串通，以事先约定的时间、价格和方式相互进行证券、期货交易，影响证券、期货交易价格或者证券、期货交易量的；

（三）在自己实际控制的账户之间进行证券交易，或者以自己为交易对象，自买自卖期货合约，影响证券、期货交易价格或者证券、期货交易量的；

（四）以其他方法操纵证券、期货市场的。

单位犯前款罪的，对单位判处罚金，并对其直接负责的主管人员和其他直接责任人员，依照前款的规定处罚。

2010年《立案标准（二）》

第三十九条 ［操纵证券、期货市场案（刑法第一百八十二条）］操纵证券、期货市场，涉嫌下列情形之一的，应予立案追诉：

（一）单独或者合谋，持有或者实际控制证券的流通股份数达到该证券

的实际流通股份总量百分之三十以上，且在该证券连续二十个交易日内联合或者连续买卖股份数累计达到该证券同期总成交量百分之三十以上的；

（二）单独或者合谋，持有或者实际控制期货合约的数量超过期货交易所业务规则限定的持仓量百分之五十以上，且在该期货合约连续二十个交易日内联合或者连续买卖期货合约数累计达到该期货合约同期总成交量百分之三十以上的；

（三）与他人串通，以事先约定的时间、价格和方式相互进行证券或者期货合约交易，且在该证券或者期货合约连续二十个交易日内成交量累计达到该证券或者期货合约同期总成交量百分之二十以上的；

（四）在自己实际控制的账户之间进行证券交易，或者以自己为交易对象，自买自卖期货合约，且在该证券或者期货合约连续二十个交易日内成交量累计达到该证券或者期货合约同期总成交量百分之二十以上的；

（五）单独或者合谋，当日连续申报买入或者卖出同一证券、期货合约并在成交前撤回申报，撤回申报量占当日该种证券总申报量或者该种期货合约总申报量百分之五十以上的；

（六）上市公司及其董事、监事、高级管理人员、实际控制人、控股股东或者其他关联人单独或者合谋，利用信息优势，操纵该公司证券交易价格或者证券交易量的；

（七）证券公司、证券投资咨询机构、专业中介机构或者从业人员，违背有关从业禁止的规定，买卖或者持有相关证券，通过对证券或者其发行人、上市公司公开作出评价、预测或者投资建议，在该证券的交易中谋取利益，情节严重的；

（八）其他情节严重的情形。

从上述法律与司法解释的规定可见，起诉书指控本案构成操纵证券市场且情节特别严重的法律依据是《刑法》第182条兜底条款“以其他方法操纵证券、期货市场”；司法解释（司法解释性文件）依据是《立案标准（二）》规定的虚假申报操纵的定罪量刑标准。

一方面，本案的法律与司法解释依据是非常确定的，就是《刑法》与《立案标准（二）》；另一方面，除此之外，再无其他司法解释或者司法解释性文件依据。这就意味着，就目前《刑法》第182条操纵证券市场罪而言，没有“情节特别严重”的司法解释标准。既然没有明确的认定标准，在这种情况下，就应当从有利于被告人的角度处罚，不予认定情节特别严重。

更为明显的一种逻辑是，在明确知道日后会有司法解释标准确定“情节特别严重”，但是，其确实尚未出台的情况下，无论现在涉案数额多高、将来司法解释中规定的“情节特别严重”的数额标准多低，只要现在没有发布，就应当认定这种“情节特别严重”的标准并不存在，既然法律标准不存在，就不应当在特定案件中适用“情节特别严重”法定刑档次。

二、本案中三名被告人以虚假申报手段操纵证券期货市场的行为，在现有证据、事实以及刑法解释上，将其认定为操纵证券市场“情节特别严重”，还是非常值得商榷的

有必要通过本案的争议梳理与法律辩论，澄清一种在操纵证券市场刑事案件司法实践中经常陷入的误区，即只要涉案行为的交易量标准达到了《立案标准（二）》（司法解释）规定的量化标准，就一定构成操纵证券市场犯罪。具体而言，辩护人认为，将超过虚假申报交易量标准（撤单比例）等同于市场操纵犯罪，是不符合《刑法》第182条操纵证券市场罪的刑法解释规则的。

1. 虚假申报操纵达到《立案标准（二）》所规定的交易量，只是《刑法》182条操纵证券市场罪构成要件体系中的一部分内容，不一定符合操纵证券市场罪的实质，更没有齐备该罪的犯罪构成。

从《刑法》第182条操纵证券、期货市场罪的文本、罪状结构中，我们能够清楚地看到本罪的犯罪构成的前后递进的三个层次——

第一层次，行为模式。市场操纵行为模式具体包括：（1）连续交易，即独立、联合其他行为主体，实施连续性的证券交易行为，操纵证券的市场价格、交易量。（2）相对委托，即复数行为主体在交易价格等核心要素约定的情况下，相互买卖证券，影响证券、期货合约的市场价格或者交易量。（3）洗售，即独立行为主体在实际控制证券、期货合约交易账户中买卖证券，影响证券、期货合约的市场价格或者交易量。（4）以其他方法实施操纵行为。

第二层次，犯罪实质。符合上述行为模式特征的，必须能够被评价为“操纵证券、期货市场”，才能在刑法上构成操纵证券、期货市场的犯罪性质。

第三层次，刑事处罚标准。情节严重是刑法介入的具体标准；情节特别严重是提升至第二档法定刑的具体标准。

对于虚假申报操纵而言，《立案标准（二）》（司法解释）所规定的行为模式和交易量标准——（五）单独或者合谋，当日连续申报买入或者卖出同一证券、期货合约并在成交前撤回申报，撤回申报量占当日该种证券总申报量或者该种期货合约总申报量百分之五十以上的；——实际上只解决了“行为模式”和“刑事处罚标准”两个层次的问题，并没有解决“犯罪实质”的问题。而当前《刑法》和司法解释并没有就操纵证券、期货市场罪的实质提供明确的法律标准。但这并不意味着法律没有明确，就不需要控方进行证明。

2. 特定的操纵行为模式达到司法解释规定的交易量标准，不能成为构成操纵证券市场犯罪的唯一且直接的条件。

无论是作为金融概念或者市场操作，还是作为法律概念或者违法犯罪行为，操纵证券市场是由行为、结果以及因果关系构成的要素体系。尤为重要的是，《刑法》第182条规定的“操纵证券、期货市场”，是一个具有结果性内容的罪状表述。以连续交易、洗售、相对委托等法律明确规定的市场操纵行为模式为例，单纯的连续买卖、自买自卖或联合一致行动人在相关控制账户中买卖证券的交易，只是市场操纵犯罪内涵中的行为，这种具有操纵属性的交易必须在资本市场中制造可归咎的操纵性结果，才能将交易与结果联系起来合并构成市场操纵犯罪行为。因此，市场受到操纵或者操纵性“影响”是结果性要素，而一种介入因素（例如，法律规定的连续买卖、洗售、相对委托等交易行为）是否对市场实现操纵或者形成操纵性“影响”，其核心判断基准，应当是证券市场价格是否受到扭曲。如果操纵行为所指向的特定证券的市场交易价格，并没有偏离能够合理推论或者计算的、资本市场正常或者自然竞争所形成的定价，则意味着特定证券并没有受到操纵，也就并不存在成立市场操纵犯罪的结果性条件。

就本案而言，即使涉嫌市场操纵的交易行为的撤单比例超过50%，也不能将之视为作为结果的操纵或者操纵性“影响”。因为交易量只是特定交易行为介入证券买卖市场之后的自然结果，而非具备经济或者法律意义的操纵结果。交易行为通过数据化的形式呈现为交易量；交易量是对交易行为在数量上的规定。无论特定市场参与者交易量的绝对数额有多大规模，或者相对比例在证券交易总量中占据何种地位，“量”始终在交易这一“质”的范畴中发展。在能够锁定行为具有操纵属性的条件下，交易量也只是操纵性交易行为的组成要素，而不可能成为结果要素。所以，交易量超标事实上并不契合市场操纵犯罪的实质。

3.《刑法》第182条规定的“操纵证券、期货市场”，其实质应当是价格扭曲或者信息扭曲，仅仅是交易量超标，但并没有产生价格扭曲或者信息扭曲的结果，并不符合操纵证券市场罪的犯罪构成。

在证券市场中，对其进行操纵，无非包含操纵两个证券市场要素，市场中的商品（证券）与资本（投资者）。前者就是扭曲价格，使证券价格产生异常波动；后者就是扭曲信息，即通过受到操控的信息误导投资者将资本投入或者撤出特定证券交易。结合《刑法》第182条与《立案标准（二）》的规定，对应价格扭曲与信息扭曲这两大操纵犯罪实质的操纵行为类型，可以分为交易型操纵和信息型操纵。交易型操纵包括立案追诉标准前几项规定的，诸如连续交易操纵、相对委托操纵、洗售操纵、短线交易操纵、虚假申报操纵等；信息型操纵包括后几项规定的，诸如抢帽子交易操纵、蛊惑交易操纵、信息操纵等。所以，符合操纵行为模式特征与交易量标准的虚假申报操纵，最终能否被评价为操纵证券市场犯罪，还应当证明其是否具有价格扭曲的操纵实质。从本案中目前的指控证据，以及辩护人提出的专家意见等材料分析，涉案行为是否扭曲价格至少是不明确的。

综上小结：由于本案相关被告人均认罪认罚，所以，上述分析旨在提出刑法解释存在的争议，以及本案证据层面存在的冲突，以此说明，在各方面争议相对明显的情况下，不宜将其认定为“情节特别严重”。

其二，虚假申报操纵的实质特征就是通过短期的大量申报、撤单，影响特定时间节点的证券价格，从而意图或者实际通过被扭曲的价格波动所形成、放大的价差获取交易利润。所以，评价虚假申报操纵情节是否严重、是否特别严重，其核心要素就应当是撤单规模、延续次数、涉及股票数量、跨越时间、撤单比例等与短期交易紧密关联的因素。

本案中，涉及的股票数量并不属于特别众多，虚假申报次数并不属于特别多次，撤单比例基本都刚刚越过50%的标准，似乎不应当认定为“情节特别严重”。

三、关于涉案被指控受到操纵的股票的价格波动与涉案交易行为的关联性问题，存在事实不清、证据不足的疑问；涉嫌操纵的行为与获利金额之间的因果关系不明；指控被告人共同操纵京投银泰并获利账面盈利13,691,473元，证据不足，该节获利金额应当整体剔除

起诉书认定本案操纵性质、价量影响、非法获利金额等要素的核心技术性依据实际上就是司法鉴定意见。但相关司法鉴定意见存在实质性的瑕疵，既不符合金融原理，也不符合市场操纵犯罪案件的法律适用规则。

司法鉴定意见书（3100025）指出：

……

5. 华资实业、京投银泰、银基发展区间累计涨幅

2012年2月24日至5月31日，华资实业股价从期初的5.4元上升至5.98元，涨幅10.74%，同期上证综指下跌1.91%，偏高12.65%。属于证监会食品加工版块，同期该版块指数下跌1.66%，偏高12.40%。

2012年2月2日至5月29日，京投银泰股价从期初的4.73元上升至6.08元，涨幅28.60%，同期上证综指上涨5.36%，偏离23.24%，京投银泰属于证监会房地产版块，同期该板块指数上涨27.88%，偏离0.72%。

2012年6月6日至10月10日，银基发展股价从期初的3.41元上升至4.11元，涨幅20.53%，同期深成指下跌10.90%，偏离31.43%。银基发展现属于证监会非金属矿物制品业板块，同期该板块指数下跌12.06%，偏离32.59%。

司法鉴定意见书将涉案行为介入之后直至实施完毕之日，涉案行为交易的标的股票的涨幅，与同期大盘指数、板块指数进行比较，计算偏离度。这种试图建构涉案行为、价格波动、非法获利之间关联性的方法，在逻辑性与

科学性上存在明显的缺陷，值得商榷。

其一，这种与大盘、板块指数进行比较的方法并无实际意义，不能基于个股与大盘、板块的偏离就认定涉案行为的介入造成了价格异常。这种认定方法并没有会计准则和法律规则作为合法合理的依据。个股涨幅超过同期大盘、板块指数涨幅本身就是一种正常的市场价格现象。超过同期中小板综指涨幅的部分是由多种市场因素共同作用形成的，不能直接将超过的部分全部且直接认定为偏高或者市值多提升。

其二，退一步分析，即使认可这种偏离度比较，偏离多大程度能够认定是涉案行为影响市场价格，或者是否只要有任何偏离就能够直接认定为操纵，实践中并未任何量化标准。这就说明这种方式的科学性存在交易的疑问与随意性。

其三，再退一步分析，即使认可这种偏离度的比较，京投银泰属于地产板块，同期地产板块大幅上涨，涉案行为持仓涨幅与板块指数涨幅之差仅为0.72%，这意味着实质上并无任何偏离。查询涉案交易行为发生的时间区间（2012年2月至5月）的房地产业指数（399200.SZ），可以非常清晰地看到，当时房地产整体板块形成了一个非常陡峭的上升曲线。这就证明涉案行为与市场价格波动之间并无任何实质上的因果关系。所以，“京投银泰”这一节的获利数额应在共犯非法获利总额中予以扣除。

四、本案中指控被告人通过虚假申报操纵手段非法获得交易利润，在非法获利司法认定问题上存在适用法律错误的疑问

（一）获利金额计算的规则及其适用问题

起诉书将本案中相关虚假申报操纵行为起始时间之前的持仓，作为累计买入部分进行获利计算，值得商榷。

根据起诉书的认定：

2012年5月至2013年1月间，被告人田某2伙同被告人田某3、田某1，控制“杨某”“申某”“王某”等30余个证券账户，采取当日连续申报买入或卖出并在成交前撤回申报等手法，影响“华资实业”“京投银泰”“银基发展”等证券交易价格和交易量，分述如下：

2012年5月7日至5月23日，田某2伙同田某3、田某1等人，使用自己及控制的他人账户，买入或卖出“华资实业”股票，账面盈利4,257,728元（以下币种均为人民币）。其间，5月9日田某3申报买入16,666,600股，撤回申报14,743,594股，撤回申报量占当日该种证券总申报量57.02%；5月10日田某2伙同田某3、田某1，申报买入71,903,800股，撤回申报54,392,952股，撤回申报量占当日该种证券总申报量55.62%；5月14日田某2伙同田某3、田某1，申报买入47,054,000股，撤回申报39,708,802股，撤回申报量占当日该种证券总申报量61.10%。

2012年4月24日至5月7日，田某2伙同田某3、田某1采用上述手法，买入或卖出“京投银泰”股票，账面盈利13,691,473元。其间，5月3日田某2伙同田某1，申报买入77,649,000股，撤回申报61,529,833股，撤回申报量占当日该种证券总申报量56.29%；5月4日田某2伙同田某1申报买入94,439,400股，撤回申报67,644,786股，撤回申报量占当日该种证券总申报量52.47%。

2012年6月5日至2013年1月8日，田某2伙同田某1采用上述手法，买入”银基发展”股票，获利7,862,920.25元。其间，2012年8月24日田某2申报卖出29,775,537股，撤回申报29,775,537股，撤回申报量占当日该种证券总申报量52.33%。

可见，起诉书认定的“华资实业”“京投银泰”“银基发展”等三节涉嫌操纵事实中，非法获利金额计算的起始时间，与虚假申报行为首次实施时间，分别相距2日、9日乃至30余日。这种将前期最初持仓时间纳入非法获利计算的逻辑，实际上并不完全符合市场操纵违法犯罪获利数额计算的规则。

《市场操纵认定指引》关于违法所得认定的规定：

第四十九条　违法所得，是指行为人实施操纵行为获取的不正当利益。其所得不正当利益的形式，既可以表现为持有的现金，也可以表现为持有的证券。

第五十条　违法所得的计算，应以操纵行为的发生为起点，以操纵行为终止、操纵影响消除、行政调查终结或其他适当时点为终点。

第五十一条　在计算违法所得的数额时，可参考下列公式或专家委员会认定的其他公式：

违法所得 = 终点日持有证券的市值 + 累计卖出金额 + 累计派现金额 − 累计买入金额 − 配股金额 − 交易费用

前款所称交易费用，是指已向国家交纳的税费、向证券公司交付的交易佣金、登记过户费、交易中其他合理的手续费等。

从上述规定可见，对于虚假申报操纵这样的短线交易操纵，其操纵行为前的持券与操纵行为因果关系相当有限，在计算获利时纳入建仓成本（累计买入金额）的计算，值得商榷。

其一，在时间区间上分析，如果一定要将前期持仓计入累计买入，在特定股票首次虚假申报操纵行为发生之日，往前推算的时间不应当过长。基于此，"京投银泰""银基发展"两节在计算获利的时间基点上存有疑问。

其二，本案中虚假申报操纵的模式是日内大量申报买入、撤单，制造日内的短期价格拉升，反向卖出，寻求价差波动后的收益，对于这种虚假申报操纵模式，严格意义上，应当只能以日内反向卖出交易量为基点，减去与交易量相匹配的前期累计买入成本，据此认定非法获利。基于此，实际上三节涉案事实的获利计算均存有疑问。

其三，庭审中公诉人在辩论环节指出，本案在超标（50%）的交易日之外，被告人还存在频繁的虚假申报操纵，尽管没有超过立案追诉标准的量化尺度，但在计算非法获利数额层面，仍然应当将相关区间作为认定操纵起点、操纵终点的非法获利计算基准。辩护人认为，这种意见是很难成立的。因为本案显然是虚假申报操纵这种单一的操纵模式，并不属于连续交易操纵，所以，脱离了超过50%撤单比例这一尺度，是不存在刑事入罪、刑事法律适用问题的，而是行政处罚问题。在刑事司法判断层面，只能衡量超标（50%）日或者超标区间的非法获利，不能将应当纳入行政处罚的撤单比例超标的区间纳入到刑事司法范畴。诸如本案现有的指控逻辑和司法鉴定意见，显然是将应当由证券法进行评价的行为纳入刑法体系进行评价，显然模糊了行政处罚与刑事司法的界限。

（二）获利金额计算方法问题

本案中，对于获利金额的计算方法，采取的是"卖出总金额 − 持仓总成本”的计算公式：

鉴定意见书——

1. 田某2控制的证券账户组2012年2月至5月合计买入华资实业、京投银泰，银基发展506,301,763股，买入金额2,148,583,780.73元，卖出506,301,763股，卖出金额2,181,465,596.83元，合计获利32,881,816.10元。其中，买入华资实业74,564,622股，买入金额476,462,107.42元，卖出74,564,622股，卖出金额486,291,715.73元，获利9,829,608,31元；买入京投银泰252,599,732股，买入金额974,668,815.31元，卖出252,599,732股，卖出金额989,858,102.85元，获利15,189,287.54元；买入银基发展179,137,409股，买入金额697,452,858.00元，卖出179,137,409股，卖出金额705,315,778.25元，获利7,862,920.25元。

2. 田某3控制的证券账户组2012年2月至10月合计买入华资实业、京投银泰10,935,686股，买入金额72,280,209.62元，卖出10,935,686股，卖出金额71,909,160.55元，获利-371,049.07元。其中：买入华资实业3,909,763股，买入金额25,390,228.23元，卖出华资实业3,909,763股，卖出金额25,276,115.74元，获利-114,112.49元；买入京投银泰7,025,923股，买入金额46,889,981.39元，卖出7,025,923股，卖出金额46,633,044.81元，获利-256,936.58元。

但是，该种计算方法存在以下问题：

在涉案交易股票标的首次触发50%撤单比例（操纵证券市场犯罪的入罪标准）的交易日之前，田某2等人已经完成了大量的买入与卖出行为。而这段时间区间内即使存在申报与撤单，其比例也没有达到入罪标准。如果已经通过买入卖出完成交易、存在获利，则理应不属于犯罪获利。

本案中的操纵行为模式并非连续交易操纵，而是虚假申报操纵。如果是连续交易操纵，可以将建仓的第一个交易时间作为起点，卖出的最后一笔交易时间作为终点，在这个时间区间内计算交易的获利金额。但是，对于虚假申报操纵而言，审查其交易的刑事违法性的起点时间或者起点交易，显然应当以首次撤单比例超过50%为基点。即使要将首次超标之前的交易纳入操纵获利的计算范畴，也应当有一个限度——“买入持仓”标准，即对于本案而言，以第一个股票为例，5 月 9 日首次申报撤单比例超标，如果当时还有持仓（先期的买入建仓），那么至多将这部分纳入操纵获利统计范围，之前的已经通过买入与卖出完成完整的交易的部分，不能纳入获利统计范围。目前起诉意见书实际上用连续交易操纵的标准替换了虚假申报的标准，在获利计算模式中存在标准错位的问题。

更为重要的是，计算非法获利金额的方法应当采用“先进先出”规则，即先买进的股票被最先卖出，卖出成本以最先购进的股票价格确定。这意味着，在首次申报撤单超标之前，已经完成的买入与卖出应当按照“先进先出”计算方法，算出获利金额，如果为正数，应当在非法获利总额中予以扣除。

第二部分关于被告人田某1 情节轻微的辩护意见

被告人田某1 客观上参与共犯行为的程度、主观恶性显著轻微，具有从犯、自首、坦白等诸多法定从宽情节，恳请法院认定其情节轻微不需要判处刑罚，对其判处免予刑事处罚或者缓刑。

一、本案中被告人田某 1 的供述、田某 2 的供述等证明，被告人田某 1 客观上参与共犯行为的程度、主观恶性显著轻微

从客观行为层面来看，被告人田某 1 主要是根据被告人田某 2 的指令从事开车、打杂、保管账户、偶尔下单等。庭审中查明，田某 1 个人从不炒股，也完全不懂股票，每个月从田某 2 处领取 5000 元报酬，且其领取的雇佣薪酬完全不存在与下单等挂钩的情况。可见，其行为涉及得非常浅，其基于雇佣（开车、照顾田某 2 生活）关系的薪酬也是很微薄的。

从主观内容层面来看，被告人田某 1 对于被告人田某 2 的股票交易模式、技术、机制、原理、标的、策略、风险、盈利等均不知情。

从主体能力层面来看，被告人田某 1 也没有操作乃至操纵任何一只股票的技术、能力、水平、知识、条件等要素。

因此，在被告人田某 1 基于认罪认罚，对于从犯的地位与作用予以认罪悔过的情况下，还要进一步看到其客观上的参与程度是极其微弱的、碎片化

的，主观上的认知是非常模糊的、信息极度不充分的，在共犯结构上的作用是非常从属性的、地位是显著低下的，恳请法院充分考虑上述因素，给予最大限度地从宽处理。

二、被告人田某1具有诸多从宽情节

根据起诉书的认定，被告人田某1具有从犯、自首等情节；被告人田某1自始至终积极配合调查，态度良好，认罪认罚，主动坦白，真诚悔罪。因此，被告人田某1具有诸多法定、酌定从宽情节。恳请法院依法予以最大限度地从宽处罚。

综上分析，被告人田某2、田某3、田某1等采取当日连续申报买入或卖出并在成交前撤回申报等手法操纵证券市场，并不构成“情节特别严重”。结合被告人田某1客观上参与共犯行为的程度、主观恶性显著轻微，其具有的从犯、自首、坦白等诸多法定从宽情节，恳请法院认定其情节轻微不需要判处刑罚，对其判处免予刑事处罚或者缓刑。

第六章

信息操纵的证明标准与刑法解释

——涂某操纵证券市场案辩护意见

[辩护逻辑]

利用信息优势操纵市场必须证明涉案的公告信息注入市场之后，市场中的投资者受到了信息的影响，交易量水平、交易模式等出现了明显的异常，进而引发了H股票交易价格的异常波动。股价上涨幅度超过大盘或者板块平均涨幅，是由诸多市场因素共同造成的，尤其是小盘股，很容易受到市场游资炒作的影响。因此，在其他重要市场因素介入的情况下，股票价格出现波动实属正常，这种股价波动也不能归责于涉案交易者。

[案情]

2015年5月，被告人涂某在明知HXSP股份有限公司（以下简称海欣股份）不具备实际履约能力的情况下，仍代表海欣股份假意与XM国际银行股份有限公司（以下简称XM国际银行）洽谈协商，并于同月8日违规擅自签订《关于HXSP股份有限公司与XM国际银行股份有限公司之增资协议》（以下简称《增资协议》），且决定将该虚假信息予以公告发布。2015年5月9日，被告人凌某1在明知海欣股份不具备实际履行《增资协议》能力的情况下，仍在被告人涂某授意下将该虚假信息以公告的形式予以发布。被告人以类似操作模式还实施了其他三起基于信息的疑似市场操纵行为。

[辩护意见主文]

一、总体辩护意见

本案事实不清、证据不足，指控适用法律错误，被告人涂某不构成操纵证券市场罪。

认定被告人涂某构成信息操纵，该意见成立的前提是（1）信息端相关行为受到上市公司实际控制人的人为控制；（2）交易端相关行为配合利好信息发布；（3）信息与交易共同推动股价上涨。

这意味着控方意图通过相关证据从反面印证制造并发布利好信息是为了与交易行为形成相互配合关系拉抬股价，而不是为了上市公司切实地实施相关信息所指向的利好内容。起诉书的逻辑是：（1）发布利好信息最终没有兑现且根本没有客观实施条件（购买 XM 国际银行股权），显然证明该信息端行为就是为了配合交易行为；（2）发布利好信息即使兑现，其真实目的也不是上市公司实施该信息内容从而有助于上市公司经济利益提振，其实质目的指向仍然是发布利好信息配合实际控制人的交易行为操纵海欣股份交易价格、交易量。

然而，本案中应当看到以下情况：（1）实际控制人参与信息生成、运作、兑现过程中相关信息端行为的独立性以及目的的单纯性（就是正常的上市公司经济运作与信息披露）；（2）实际控制人与相关账户的交易不存在关联性；（3）信息端行为与交易端行为不存在相互配合。

因此，现有证据无法充分且确实地证明被告人涂某伙同他人“利用信息优势，发布不以实际实施为目的的利好公告信息，并在二级市场交易该股，操纵海欣股份的交易价格及交易量，情节特别严重”。起诉书认定被告人涂某触犯《刑法》第 182 条之规定，涉嫌操纵证券市场罪，属于适用法律错误。

二、从现有证据分析，本案事实不清、证据不足，起诉书指控的犯罪事实不能成立，被告人涂某不构成操纵证券市场罪

1. 没有证据证明被告人涂某实际控制相关账户或者伙同他人（合谋）通

过涉案账户购买海欣股份股票。（相关论证参见审查起诉阶段辩护意见，不再赘述）

2. 没有证据证明涉案相关账户的交易量达到了立案追诉标准规定的任何一种操纵模式的量化标准。（相关论证参见审查起诉阶段辩护意见，不再赘述）

3. 没有证据证明被告人涂某实际控制上市公司海欣股份信息披露涉嫌“发布不以实际实施为目的的利好公告信息”。相反，海欣股份相关公告、股权转让协议、投资协议、增资协议、被告人涂某、凌某1供述等证据均能够证明，相关公告信息均符合《证券法》以及信息披露监管规则，公告的信息内容与实际事件的起因、筹备、策划、合约签署、执行、具体实施、最终收尾（结果）完全吻合。公告信息所对应的事件就是为了实际实施相关上市公司经济行为；发布相关公告信息是独立的上市公司日常信息披露工作与事务，不存在其他不正当目的。

（1）海欣股份收购上海冒诚电子商务股份有限公司（以下简称上海冒诚）的信息公告发布符合信息披露规则，实际执行、实施完毕，该信息披露并无其他不正当目的。

①海欣股份发布的关于签订投资意向书的公告证明信息内容如下：海欣股份于2015年1月30日与汤某（以下称乙方）、王某（以下称丙方）签署了投资意向书，经三方协商，海欣股份拟采用受让乙方、丙方所持有的上海冒诚部分股权并认缴上海冒诚新增注册资本的方式，合计投资不超过4,600万元人民币取得上海冒诚40%的股份。

②海欣股份发布的第四届董事会第三次会议决议公告以及关于使用部分超募资金进行对外投资的公告证明信息内容如下：海欣股份按互联网行业通行的投资估值方法为市销率（PS）估值法，按2014年收入7,476.3万元（经审计确认）的1.47倍市销率确认了上海冒诚的股权估值为1.10亿元，对应此次收购40%股权价格为4,400万元，并于当日海欣股份董事会审议通过了该决定。

③《海欣股份与冒诚电子合作意向协议书》（2015年1月）、《关于上海冒诚电子商务股份有限公司增资扩股及股权转让协议》（2015年3月）、上海

冒诚新增注册资本验资报告、上海冒诚工商登记信息（海欣股份持股比例37.96%）等书证证明：海欣股份收购上海冒诚公告信息合法、全面、准确，项目客观上执行且实施完毕，并不存在其他不正当目的。

④被告人涂某、凌某1供述和汤某证言等证明：海欣股份收购上海冒诚经过完整的筹备、磋商、尽职调查、合同签订、执行、项目实施等过程，交易流程与估值水平符合互联网企业市场规律，信息披露合法合规，不存在其他不正当目的。

（2）海欣股份10股转增10股派发1元分配方案的信息公告发布符合信息披露规则，实际执行、实施完毕，该信息披露并无其他不正当目的。

①海欣股份发布的《2014年年度报告》证明信息内容如下：海欣股份2014年净利润18,393,285.86元，2014年度分红方案为10转10派1元，分红总额为14,140,000元，占当期净利润比例为76.88%。

②被告人涂某、凌某1供述等证据证明：海欣股份送转方案并无违规违法，该方案信息披露内容与后续内容一致，被告人涂某实际控制的股份在解禁后减持的时间与“高送转”相隔数月，“高送转”实际上不存在其他不正当目的。同时，“高送转”作为利润分配与资本公积转增股本的一种方式，是上市公司自主决定的事项，在符合《公司法》利润分配规则、证监会现金分红监管规则等法律法规的基础上，司法机关不应当以没有充分证据证实的不正当目的或者动机等角度进行过度介入或者干涉。

（3）海欣股份与华某合作设立上海六碗投资管理有限公司（以下简称上海六碗）的信息公告发布符合信息披露规则，项目实际实施，该信息披露并无其他不正当目的。

①海欣股份发布的关于使用自有资金进行对外投资的公告（公告影响日自2015年3月27日起）显示，海欣股份拟与华某合作设立上海六碗，注册资本5,000万元，海欣股份占比70%，华某占比30%。

②被告人涂某、凌某1供述，上海六碗工商登记资料等证明：海欣股份与华某合作设立上海六碗经过完整的筹备、磋商、合同签订、项目执行、实际经营规划等过程，交易流程与投资程序符合市场正常操作，信息披露合法合规。至于最后上海六碗各个投资方并未实缴注册资本、后续注销公司，主

要原因在于合作方华某没有完成项目推进与落地工作，属于正常的工作停滞与项目取消，不存在其他不正当目的。

③该公告明确披露："股东出资：本公司认缴出资3,500万元，占注册资本的70%；华某认缴出资1,500万元，占注册资本的30%。"可见，投资设立上海六碗的出资形式是认缴出资，是否实缴资本并不影响项目的有效性及其实施。同时，该公告明确披露风险："公司参与投资餐饮投资管理公司，具有投资周期长、流动性较低等特点，并且投资标的又受宏观经济、行业周期、经营管理等多种因素影响，存在面临投资失败及亏损的风险。"因此，最后项目终止或者失败的风险已经在信息披露中明确揭示，该信息披露内容具有完整性。

（4）海欣股份收购XM国际银行股权的信息公告发布符合信息披露规则，合同签署后项目并未实际履行系项目推进过程中客观且正常的不确定性造成的，信息披露公告对于该风险进行了合理揭示，该信息披露并无其他不正当目的。

①海欣股份发布的关于使用自有资金投资XM国际银行的公告（以下简称XM国际银行公告1）证明以下信息内容：海欣股份拟使用不超过22.500万元认购XM国际银行增发的3,000万股股份。公告信息进行特别风险提示：本项投资行为尚需取得公司股东大会批准和中国银监会的核准，存在不确定性，请投资者注意投资风险。投资行为存在可能未获得有关机构批准的风险。公司的本项投资行为尚需取得公司股东大会和中国银监会的批准。

②海欣股份发布的关于取消XM国际银行投资事项暨取消2015年度第一次临时股东大会的公告（以下简称XM国际银行公告2）证明以下信息内容：因未达成一致意见，海欣股份取消了认购XM国际银行增发股份的计划。

③海欣股份与XM国际银行之间的增资协议证明：公告信息符合实际情况；海欣股份收购XM国际银行的事件客观真实，合同系交易双方真实意思表示，不存在其他不正当目的。

④被告人涂某和凌某1供述、XM国际银行公告1、XM国际银行公告2、黄某1、魏某1证言等证明：海欣股份拟收购XM国际银行的交易关系真实，但后续由于资金无法按照合同约定支付，导致合同无法履行而终止该项目。

同时，这项投资工作本身就是一个推进过程，拟投资的行为也可能基于各种原因停滞或者终止。该项目风险在信息披露公告中进行充分披露。参与银行定增对于市场而言属于重要的商业机会，海欣股份签署定增合同的意图是抓住商业机会，信息公告也是披露重大投资行为的常规信息披露工作。

4. 司法鉴定意见书存在重大瑕疵，不能作为起诉书认定相关事实的依据。

作为本案中最为重要的证据之一的司法鉴定意见书存在鉴定内容超越委托事项，鉴定所提出的意见内容超越会计师事务所的专业判断能力，鉴定标准、判断与意见存在重大疑问等问题，导致该份司法鉴定意见书的鉴定意见、内容与结论不准确，不能作为认定本案相关事实的依据。

（1）鉴定意见超越委托范围对部分不属于财务问题的事实认定、法律判断问题提出鉴定意见。

司法鉴定意见书第1页对委托事项的范围进行了明确的限定："对涂某、华某等人涉嫌操纵证券市场案中证券账户、银行账户明细进行鉴定。"而司法鉴定意见书中大量内容都超越了财物问题的鉴定范围，针对大量超越委托范围事项提出鉴定意见。

此类超越委托事项范围的鉴定意见内容包括但不限于：

①司法鉴定意见书第3页，案情概况：2015年1月26日至2015年10月14日期间（涉案期间）涂某在所持海欣股份股票均为限售流通股的前提下涉嫌与华某合谋利用信息操纵海欣股份股价。涂某利用上市公司实际控制人的地位，发布了与海欣股份相关的"高送转"、并购其他公司以及重大投资等多个公告。涉案期间内，海欣股份股票涨幅远高于同期中小板综指，涂某及其一致行动人所持可用于质押的海欣股份股票市值上升了100%以上。此外，涉案期间在公告发布前，涂某、华某利用他人证券账户或以他人名义认购资管产品，大量买入海欣股份股票。公告发布股价拉升后抛售先前买入的海欣股份股票以此牟利。

上述对被告人涂某相关行为的概括涉及本案中重要证据的分析、重大事实的认定，显然不属于对"证券账户、银行账户明细进行鉴定"的范围，而是属于司法审查的范畴。司法鉴定意见不应当对上述有待查明的事实自行判断，而应当交由司法机关进行判断，或者在司法机关就相关事实进行确认的基础上再进行审计。而本案中审计报告直接对重大争议事实进行判断，显然超越了其财务专业范围以及明确规定的委托事项范围。

②司法鉴定意见书第12至13页：

四、分析说明

……

（二）上市公司公告行为方面

1. 上海冒诚的情况

首先，委托方提供的上海冒诚电子商务有限公司收购尽职调查报告［由国金证券股份有限公司、福建华兴会计师事务所（特殊普通合伙）、至理律师事务所共同出具］显示：该调查报告书编制日期为2015年1月，调查报告书中提示了上海冒诚存在账外收款、虚增存货、收入不入账、主要经营场所未办理食品流通许可证可能导致被处罚的风险的情况。

其次，尽职调查报告中明确列明本应由上海其他会计师事务所指导上海冒诚审计调账，由福建华兴会计师事务所（特殊普通合伙）负责审计，再由评估师进场开展评估。最终演变为由上海舜弘会计师事务所（以下简称舜弘事务所）2015年2月10日出具舜弘审［2015］第100号、101号报告确认的2014年收入为作价基础，由海欣股份自主确认市销率为1.47倍，最终确认上海冒诚所有股权价值1.10亿元。需要说明的是，海欣股份更换了多年为其提供服务的会计师事务所，改由舜弘事务所进行审计。

再次，2015年2月16日，涂某利用名下光大银行福州金山支行798×××××01506333账户，以名为活期取款，实为转账的方式，汇入给汤某中国银行上海市春申路支行601××××××0076783313账户600万元。

综上所述，涂某及海欣股份在收购上海冒诚股权过程中，多种行为有悖常理。

司法鉴定意见应当严格根据委托事项审计海欣股份收购上海冒诚过程中的财务问题，例如其收购行为是否与会计准则相符，至于其收购行为是否有悖常理，显然是司法判断问题，不应当在司法鉴定意见中对此事实问题进行分析说明。收购项目的目标公司财务存在疑问、证照不全存在被处罚风险、更换会计师事务所、估值标准、涂某与目标公司负责人之间存在借贷关系等，即使属于疑点，也都有待法庭予以调查与排除。然而，鉴定意见在没有司法机关审查、没有司法机关准确梳理复杂情况的基础上做出的鉴定分析并在此基础上形成鉴定意见，明显存在合法性疑问。

（2）鉴定意见做出的相关认定存在重大疑问。

①关于上市公司公告行为的分析说明存在疑问。

a. 根据司法鉴定意见书，调查报告书中提示了上海冒诚存在账外收款、虚增存货、收入不入账、主要经营场所未办理食品流通许可证可能导致被处罚的风险的情况，最后海欣股份仍然收购上海冒诚，属于有悖常理。

这种分析说明显然没有事实依据，也不符合市场规律。上市公司溢价收购具有一定风险的资产属于市场中的常见现象，是一种风险自担、追逐收购效应的市场行为。海欣股份考虑到上海冒诚团队多年休闲食品电商运营经验、供应链管理、线上推广、客户服务、软件开发等价值以及收购后良好的协同效应，基于这种完全没有违背常理的市场原因，海欣股份完成了对上海冒诚的收购。因此，司法鉴定意见书的分析说明并不准确。

b. 根据司法鉴定意见书，海欣股份更换会计师事务所，采用市销率进行高估值，这成为海欣股份收购上海冒诚有悖常理的因素之一。

这种分析说明显然也是不合理的。更换会计师事务所同样属于常见现象，更为重要的是，海欣股份收购上海冒诚过程中的估值与财务行为均具有合理性。

第一，国金证券股份有限公司关于海欣股份使用部分超募资金进行对外投资的核查意见明确指出：互联网行业通行投资估值方法为市销率估值法，海欣股份在评估此项交易时采用以上方法，并参考了近期上市公司收购互联网企业的估值水平。可见，该项目中的估值方法符合市场规律。

第二，上海冒诚电商业务并购符合公司战略发展方向。海欣股份近年来积极从战略顶层上规划大消费品、大健康的产业蓝图，坚持内生性增长与外延式扩张相结合的策略方针，主动运用互联网思维促进传统业务的转型和升级。因此，上海冒诚并购是公司践行外延式扩张战略的重要一步，符合公司战略规划下的长远利益。根据国金证券股份有限公司关于海欣股份使用部分超募资金进行对外投资的核查意见的说明，收购上海冒诚股权有望在产品和渠道上实现互补。上海冒诚是一家主营休闲食品的电子商务公司，主要通过自有B2C网站和天猫、京东、1号店、当当网、苏宁等主流的电商渠道从事休闲食品B2C电子商务贸易，拥有丰富B2C电子商务经营管理经验。股权收购完成后，一方面使公司未来可直接获得标的公司的营利收益；另一方面有助于公司快速拓展电子商务销售渠道，对增进家庭消费鱼肉制品也有极大帮助。收购有利于公司休闲即食产品的开发和推广。海欣股份基于更高更长远的发展战略思考，未来将加大向休闲食品业务拓展力度。公司通过系列常温休闲即食产品的引入和推出，不仅增加了品类和延伸了渠道，培育了新的增长点，而且休闲食品有利于在消费者心中建立良好的海欣品牌印象，有望带来更好的品牌溢价。上述说明明确阐述了估值的合理性，并且与被告人涂某等人的供述、汤某的证言等证据完全印证。

第三，海欣股份在公告信息中明确揭示了收购风险。一是标的公司估值风险：上海冒诚估值较其账面净资产增值较高，主要是上海冒诚拥有的客户资源、技术积累和经验丰富的管理团队等未充分体现在上海冒诚的净资产账面价值上。若未来实际情况与评估假设不一致将会出现资产估值与实际不符的情况。二是标的公司承诺利润实现的不确定性风险：本次股权交易的交易对方对标的公司2015年、2016年及2017年的业绩做出了承诺，虽然该承诺系以标的公司的经营计划、市场和业务拓展计划现实情况为参考，并基于谨慎性原则制定的，但承诺利润的实现仍存在不确定性。上述风险揭示证明，海欣股份无论在收购行为还是在信息公告中，都全面评估且披露了投资风险，不存在司法鉴定意见书中指出的有悖常理的问题。

第四，根据上海冒诚增资扩股协议、国金证券股份有限公司关于海欣股份使用部分超募资金进行对外投资的核查意见、被告人涂某的供述、证人汤某的证言等，上海冒诚按照股权投资的市场规律签署了业绩承诺（对赌条款），并且最后都按照约定实现了业绩承诺。这也再次证明投资上海冒诚完全具有经济上的合理性，并不存在有悖常理之处。

c. 根据司法鉴定意见书，涂某汇入汤某账户资金的行为属于不正常现象。然而，被告人涂某的供述、汤某的证言、上海冒诚的增资等均已经互为印证：这是涂某向汤某提供上海冒诚的增资款，并无违背常理之处。

②关于股价波动与市值浮动的分析说明存在疑问。

司法鉴定意见书第 15 页至 16 页指出：

3. 二级市场交易情况

（1）股价

2015 年 1 月 26 日至 2015 年 10 月 14 日期间，海欣股份股价（后复权价）从 40.18 元/股上涨至 82.32 元/股，上涨 104.88%；最高涨幅出现在 2015 年 6 月 11 日，盘中最高涨至 155.88 元/股，最高涨幅 287.95%，同期中小板综指从 8,399.32 点上涨至 10,994.48 点，上涨 30.90%，海欣股份股价较同期中小板综指偏高 73.98%；按最高涨幅日测算，海欣股份股价较同期中小板综指偏离 172.49%。

（2）市值情况

2015 年 1 月 26 日至 2015 年 10 月 14 日期间，2016 年 1 月 26 日，涂某及其一致行动人共持有海欣股份股权比例为 56.58%，总股数为 141,400,000 股，按 2015 年 1 月 26 日前一个交易日收盘价 19.85 元/股计算，涂某及其一致行动人持有海欣股份股票市值约为 1,588,081.782 元；2015 年 10 月 14 日收盘，涂某及其一致行动人共持有海欣股份股权比例仍为 56.58%，总股数为 282,800,000 股，按 2015 年 10 月 14 日收盘价 20.41 元/股计算，涂某及其一致行动人持有海欣股份股票市值约为 3,265,768,178.40 元。相较涉案前上涨了 105.64%，比同期中小板综指涨幅 30.90% 多上涨了 74.74%，涂某及其一致行动人共同持有的海欣股份股票市值因此多提升了 1,186,969.125.76 元。

根据司法鉴定意见书的意见，涉案行为介入之后直至实施完毕之日，海欣股份的股价和市值，只要是超过同期中小板综指涨幅的部分均应当认定为偏高或者市值多提升。这种认定意见显然没有会计准则和法律规则作为合法合理的依据。个股涨幅超过同期中小板综指涨幅本身就是一种正常的市场价格现象。超过同期中小板综指涨幅的部分是由多种市场因素共同作用形成的，不能直接将超过的部分全部且直接认定为偏高或者市值多提升。

③关于获利的鉴定意见存在疑问。

司法鉴定意见书中第五部分鉴定意见指出：

经鉴定：

1. 翁某等人涉案期间通过中信中金1号累计买入海欣股份4,586,729股，买入金额127,408,005.47元，累计获得红股3,185,435股；累计卖出7,772,164股，卖出金额158,045,819.81元，获利30,637,814.34元。

需要说明的是：截至2015年10月14日，上述中信中金1号所有子账户均已卖出所持海欣股份股票；上述红股按各个账户股权登记日（2015年5月6日）收盘后结存股数确认；2015年10月14日集中清算股数和金额，按上述子账户2015年10月13日结存股数分配至各个子账户确认；上述获利计算未考虑交易税费及2015年5月6日的分红情况。

2. 林某、余某等人证券账户涉案期累计买入海欣股份2,197,545股，买入金额51,090,545.97元，获得红股804,401股；卖出3,001,944股，卖出金额89,176,747.02元。截至2015年10月14日，结存2股，按2015年10月14日收盘价20.41元/股计算，共计获利含浮盈38,086,241.87元。

需要说明的是，上述红股按各个账户股权登记日（2015年5月6日）收盘后结存股数确认；上述获利计算未考虑交易税费及2015年5月6日的分红情况。

但是，上述账户中相当数量的卖出交易均发生在涉案信息（“报收购上海冒诚”“10股转增10股派发1元分配方案”“与华某共同投资设立上海六碗”“投资购买XM国际银行3000万股”等与市场热门概念相关的利好公告信息）公告之后相对久远的时间（相隔数月）。也就是说，相当部分的卖出行为发生之时，公告信息对海欣股份市场交易价格或者交易量已经不具有影响。这部分的获利显然应当剔除在涉案获利的范围之外，或者至少应当在鉴定意见中对这部分交易获利与信息影响期间的交易获利分别进行计算，从而客观地反映获利的不同组成部分。但鉴定意见部分没有考虑到上述因素，导致鉴定意见的结论并不准确全面。

因此，司法鉴定意见书超越委托范围出具鉴定意见，相关分析、说明、意见存在重大疑问，不能作为本案认定相关事实的依据，因此起诉书基于此认定的相关事实不清、证据不足。

4. 现有证据证明，被告人涂某及其一致行动人减持时，涉案信息已经公告超过半年时间，对海欣股份股票的交易价格早已不具有影响。同时，海欣股份所公告的信息并非全部为利好信息，也有相关项目最终进展不顺利而终止的利空信息，而被告人涂某及其一致行动人减持均发生在相关负面信息之后，其减持价格不但不会受益于公司发布的利好信息，反而可能因为利空信息而导致在低位减持。

海欣股份于2016年1月19日发布关于控股股东、实际控制人减持计划的提示性公告证明以下事实：海欣股份控股股东、实际控制人将在2016年1月22日至12月31日期间通过协议转让或大宗交易的方式进行减持。

根据上述文件以及实际减持行为发生的时间，在减持之前，不但涉案的四项利好消息都已经发布逾半年，而且终止投资XM国际银行、注销上海六碗的利空信息也已经进行充分且完整的信息披露。

所以，海欣股份公告利好信息配合被告人涂某及其一致行动人减持股份获利的认定并无事实依据，因为利好信息公告与减持行为之间根本不存在客观上的价格影响与主观上的目的指向。相反，海欣股份相关项目进展不顺利、最终终止执行的利空信息，发生在与被告人涂某及其一致行动人减持行为较近的时间，反而会对减持的价格产生负面影响。因此，无法认定发布公告与减持之间存在因果关系，海欣股份发布公告不存在起诉书所指控的不以实施项目为目的、意图配合交易行为操纵证券交易价格或者交易量的故意。

综上分析，本案中的现有证据无法证明：（1）被告人涂某与他人合谋，通过其实际控制的中信中金1号信托计划和林某、余某、凌某2、魏某2、凌某3、魏某3买卖海欣股份股票。（2）被告人涂某利用信息优势，发布不以实施为目的的利好公告信息，配合交易，影响海欣股份交易价格或者交易量。（3）涉案账户中的交易获利，与海欣股份发布信息公告存在因果关系。（4）2016年1月，被告人涂某及其一致行动人所持海欣股份限售股解禁上市流通后减持3300万股的行为，与海欣股份的信息公告存在因果关系。因此，起诉书认定的“被告人涂某、凌某1，伙同华某等人，利用信息优势，发布不以实际实施为目的的利好公告信息，并在二级市场交易该股，操纵‘海欣股份’的交易价格及交易量，情节特别严重”，事实不清、证据不足。

三、起诉书认定，被告人涂某、凌某1，伙同华某等人，利用信息优势，发布不以实际实施为目的的利好公告信息，并在二级市场交易该股，操纵“海欣股份”的交易价格及交易量，情节特别严重，触犯《刑法》第182条涉嫌操纵证券市场罪，属于适用法律错误

1. 涉案账户不能认定为被告人涂某实际控制。

起诉书认定：2015年1月26日至2015年10月14日，被告人涂某伙同华某，通过控制“中信中金一号”信托计划及“余某”等多个个人证券账户在二级市场大量交易“海欣股份”，累计买入490余万股，锁定该股流通股6.7%，配合上述利好信息的发布，共同推动“海欣股份”在2014年度、2015年一季度净利润同比分别下降45.51%、134.83%的情况下，股价（后复权价格）由40.18元上涨至82.32元，涨幅106.17%，同期食品加工板块及深圳成指涨幅为86.01%、110.85%。

辩护人认为，除了上述证据分析所指出的认定被告人涂某实际控制账户交易海欣股份股票的证据不足之外，起诉书的上述认定并不符合实际控制账户的司法认定规则。

根据证券犯罪司法实践中的一般判断规则，实际控制账户是指行为人具有交易决策权的账户，通常包括：行为人以自己名义开设的实名账户；行为人实际使用的他人账户；行为人虽不是账户的名义持有人，但通过投资关系、协议或其他安排行使交易决策权的他人账户；行为人虽不是账户的名义持有人，但向账户转入或从账户转出资金，并承担实际损益的他人账户。

从本案中的实际情况分析，被告人涂某并没有对涉案账户具有交易决策权。没有任何证据证明涉案账户的交易行为受到被告人涂某的指挥或者接受其决策支配。被告人涂某完全不符合实际控制账户判断标准中的绝大部分指标。应当看到，本案中确实存在部分证据指向被告人涂某的资金与交易账户存在流入或者流出，但需要强调的是，仅仅这一点并无法认定被告人涂某实际控制该账户。资金流出或者流入只能证明被告人涂某的账户与涉案账户之间存在财务上的流动关系、资金上的结算关系，而不能据此认定被告人涂某

对其进行控制。因为被告人涂某并不实际承担这些涉案账户的损益，同时被告人涂某的供述、相关账户持有人的证言等也证明被告人涂某不存在对交易进行决策的问题（其主观上根本不知道涉案账户交易海欣股份股票），而只是单纯的资金提供与归还关系。

2. 涉案账户进行的海欣股份股票交易量并未达到构成操纵证券市场罪的量化标准。

根据起诉书的认定，涉案账户在长达九个月的时间内累计买入量占到海欣股份流通股的6.7%。这样的交易量水平并不符合操纵证券市场罪的构罪量化标准。

《立案标准（二）》第39条规定："操纵证券、期货市场，涉嫌下列情形之一的，应予立案追诉：（一）单独或者合谋，持有或者实际控制证券的流通股份数达到该证券的实际流通股份总量百分之三十以上，且在该证券连续二十个交易日内联合或者连续买卖股份数累计达到该证券同期总成交量百分之三十以上的；……（三）与他人串通，以事先约定的时间、价格和方式相互进行证券或者期货合约交易，且在该证券或者期货合约连续二十个交易日内成交量累计达到该证券或者期货合约同期总成交量百分之二十以上的；（四）在自己实际控制的账户之间进行证券交易，或者以自己为交易对象，自买自卖期货合约，且在该证券或者期货合约连续二十个交易日内成交量累计达到该证券或者期货合约同期总成交量百分之二十以上的；……"

可见，无论将涉案账户的交易行为认定为哪种具体的行为模式，本案涉案账户的交易量水平均不符合立案追诉标准规定的任何一种量化标准。

3. 立案追诉标准中规定的信息操纵实际上同样需要证明涉案行为与市场交易价格、交易量之间的操纵与被操纵关系，但本案中被告人涂某的行为并不符合这一构成特征。

根据《立案标准（二）》第39条第6项的规定，上市公司及其董事、监事、高级管理人员、实际控制人、控股股东或者其他关联人单独或者合谋，利用信息优势，操纵该公司证券交易价格或者证券交易量的，应当予以立案追诉。暂且不论该立案标准能否等同于司法解释对操纵证券市场罪的具体行为模式进行解释，仅就《立案标准（二）》规定的上述内容而言，本案中涂某的行为并不符合信息操纵的构成要件。

（1）利用信息优势操纵证券交易价格或者交易量，本质上仍然应当符合《刑法》（2017 年版）第 182 条操纵证券市场罪所规定的行为特征，即“单独或者合谋，集中资金优势、持股或者持仓优势或者利用信息优势联合或者连续买卖，操纵证券、期货交易价格或者证券、期货交易量”。所以，信息操纵不能超越《刑法》（2017 年版）第 182 条操纵证券市场罪及其立案追诉标准设定的量化标准。也就是说，即使将相关涉案行为定性为信息操纵，也必须在交易量层面符合《立案标准（二）》规定的量化标准，才可能构成操纵市场罪。

同时应当强调的是，《立案标准（二）》第 39 条第 6 项所使用的表述是：上市公司及其董事、监事、高级管理人员、实际控制人、控股股东或者其他关联人单独或者合谋，利用信息优势，操纵该公司证券交易价格或者证券交易量。此处使用的规范表述为操纵而非影响。这就意味着涉案行为对于公司证券交易价格或者交易量的控制应当达到相当强度的控制水平，不能通过定性化的法律论证来阐释涉案行为与公司证券之间操纵与被操纵的关系，而需要相当强度的量化指标锁定操纵而非影响的行为特征。

但是，正如前一部分的论证，本案中涉案账户的交易量并没有符合《立案标准（二）》规定的交易量指标，因而本案也不能认定为信息操纵。

（2）本案中的所谓信息优势没有达到操纵证券交易价格或者交易量的水平。

退一万步来讲，即使认为信息操纵不需要适用《刑法》第 182 条操纵证券市场罪及其立案追诉标准规定的交易量的量化标准，本案中的信息优势实际上根本无从对海欣股份交易价格或者交易量形成操纵，现有证据客观上也没有完成上述证明责任。

①涉案信息（“报收购上海冒诚”“10 股转增 10 股派发 1 元分配方案”“与华某共同投资设立上海六碗”“投资购买 XM 国际银行 3000 万股”等与市场热门概念相关的利好公告信息），其内容及其对应的事件本身并不属于《证券法》规定的重大事件，作为与上市公司海欣股份有关的信息而言，并不具备《证券法》意义上的“重大性”特征，不能直接认定其对于证券市场

交易价格或者交易量具有重要影响。

②没有证据表明涉案的公告信息对于证券市场产生了操纵与被操纵的影响。信息本身不会作为一种交易量注入市场对上市公司股票价格产生影响，信息即使对市场具有影响，必须通过因为信息引发的资本流动的变化才能产生股票的市场价格波动结果。不能仅仅基于信息行为与价格波动结果的存在，就认定该信息优势对证券市场形成了操纵。也就是说，本案中如果要认定利用信息优势操纵市场，就必须证明涉案的公告信息注入市场之后，市场中的投资者受到了信息的影响，交易量水平、交易模式等出现了明显的异常，进而引发了海欣股份股票交易价格的异常波动。但本案中现有证据只证明存在信息行为（暂不论是否属于不以实施为目的）、价格波动（暂不论是否异常），没有证据表明信息介入市场之后对于投资者资本配置的影响。

4. 信息操纵构成操纵证券市场罪实际上具有相当严格的司法判断标准，本案中被告人涂某的行为并不符合操纵证券市场罪意义上的信息操纵。

《刑法》第182条操纵证券市场罪实际上并没有明示性地规定信息操纵这种操纵证券市场犯罪行为类型，当前司法实践中也存在将信息操纵解释为“以其他方法操纵证券市场”的判例。但通过兜底条款的解释将信息操纵认定为犯罪，其实质标准仍然应当坚持同质性解释原则，即将信息操纵认定为犯罪，相关行为必须达到操纵证券市场的实质标准。从既有的判例来看，即使将信息操纵纳入兜底条款“以其他方法操纵证券市场”进而认定为犯罪，也需要符合如下构成要件：一是控制上市公司信息的生成或控制信息披露的内容、时点；二是诱导不特定多数投资者作出投资决策；三是操纵证券交易价格或者交易量；四是进行相关交易或谋取相关利益。

（1）被告人涂某没有控制上市公司信息的生成或控制信息披露的内容、时点。从现有证据情况分析，本案中被告人涂某作为上市公司的实际控制人，显然对于信息披露具有直接的管理权，但是并没有证据表明其控制信息披露的内容、节奏、时间等。相反，现有证据表明，涉案公告信息的生成、披露等均符合证券法以及证监会信息披露规定，公告信息所对应的事件均按照收购、投资等市场行为的发展规律与逻辑运行，信息披露的内容符合实际且发布时间均与事件本身保持稳定的联系。

（2）被告人涂某没有诱导不特定多数投资者作出投资决策。对于在海欣股份公告信息期间公众投资者的交易行为特征以及公告信息对于市场资本流动的影响问题，现有证据材料并未对此进行证明。同时，相关供述、证言中没有任何内容证明任何涉案人员主观上具有利用信息优势诱导投资者的目的或者意图。

（3）被告人涂某没有影响甚至操纵海欣股份股票交易价格或者交易量，也没有利用涉案的公告信息实施相关的交易或者谋取相关的利益。被告人涂某及其一致行动人的减持行为是公开的市场操作，严格按照减持股份的信息披露规则向市场公开，并且该减持行为与涉案公告信息时隔半年，完全没有关联性。海欣股份的股价上涨幅度超过中小板平均涨幅，是由诸多市场因素共同造成的，尤其是被告人涂某、凌某 1 供述等提及的，海欣股份属于小盘股，很容易受到市场游资炒作的影响，同时，涉案行为期间更有被已决判决认定的具有市场号召力的游资买卖海欣股份股票。因此，在其他重要市场因素介入的情况下，海欣股份的股票价格出现波动实属正常，这种股价波动也并不能归责于被告人涂某。

综上分析，涉案账户既非被告人涂某实际控制，其交易量水平也远未达到操纵证券市场罪立案追诉标准规定的量化标准；被告人涂某并未与他人合谋控制上市公司信息的生成或控制信息披露的内容、时点，诱导不特定多数投资者作出投资决策，操纵证券交易价格或者交易量，进行相关交易或谋取相关利益，因而不属于信息操纵且情节严重，不能认定其构成操纵证券市场罪。

第七章

尾市操纵的金融机理与司法认定

——锦绣前程证券投资基金管理有限公司操纵证券市场案辩护意见

[辩护逻辑]

收益权互换等复杂金融交易结构所内含的民事法律关系是市场操纵刑事案件法律适用的基础，可以将民事法律关系背后所隐藏的异常要素作为补强证据方向，但不应以“权利”依据为导向设定实际控制账户的核心判断规则。在尾市阶段参与连续竞价并作用于价格形成机制，并不属于违规行为，不属于操纵行为。证券市场设置涨跌停板限制，在涨跌停价范围内挂单是符合监管、交易所规则的，且全部建议经券商、信托、交易所重重审查，最终予以采纳并执行。既然是在价格限制范围内的价格申报，就不应当基于其与报价前的市场价格存在偏差就认定为操纵股票。如果在规则允许的范围内的下单买入行为构成操纵市场，则完全可以通过修订规则限定相关买入申请为无效申请，从而可完全避免市场操纵。因此，无操纵主观故意的买入挂单完全符合交易所规则，并实际被认定为有效的交易申请，不构成市场操纵行为。

[案情]

锦绣前程控制 5 个账户（以下简称锦绣前程账户组）：荣耀信托·锦绣前程 5 号结构化证券投资集合资金信托计划、富民信托·汇富 183 号（锦绣前程10号）结构化证券投资集合资金信托计划、荣耀信托·锦绣前程11号结构化证券投资集合资金信托计划、荣耀信托·锦绣前程12号结构化证券投资集合资金信托计划等4个信托产品账户，上述4个信托产品投资顾问为锦绣前程；根据锦绣前程和养河证券股份有限公司（以下简称养河证券）签订的收益互换相关协议，长江锦绣前程7号证券投资基金（锦绣前程为基金管理人）对应的养河证券收益互换产品账户。许某时任锦绣前程的法定代表人、董事长，章某时任锦绣前程的总经理。锦绣前程账户组由许某、章某共同作出投资决策。

锦绣前程通过上述账户组操纵“ZJ运能”：2015年7月3日14：59：12至收盘，锦绣前程账户组分2笔申报买入“ZJ运能”共计420,000股，委托数量分别是订单申报后与该订单同向前五档和前十档其他账户申报总量的80.77倍和46.53倍，委托数量占该股收盘前15分钟全市场买入委托总量的81.54%；委托买入申报均价为143.5元，高于申报前市场最新成交价8.55%。上述委托共成交345,160股，成交金额48,708,717元，占收盘前15分钟该股总成交量的81.47%。当日“ZJ运能”收盘价高于操纵前市场最新成交价6.71%。锦绣前程账户组7月6日卖出“ZJ运能”343,100股，成交金额47,873,256.86元。

2015年7月6日14：58：36至收盘，锦绣前程账户组分3笔申报买入“ZJ运能”共计450,000股，委托数量分别是订单申报后与该订单同向前五档和前十档其他账户申报总量的125倍和36倍，委托数量占该股收盘前15分钟全市场买入委托总量的81.86%；委托买入申报均价为149元，高于申报前市场最新成交价10.55%。上述委托全部成交，成交金额65,821,193元，占收盘前15分钟该股总成交量的88.44%。当日“ZJ运能”收盘价高于操纵前市场最新成交价9.56%。锦绣前程账户组次日卖出“ZJ运能”175,900股，成交金额23,799,598.65元。

2015年7月16日14：52：46至收盘，锦绣前程账户组分9笔申报买入“ZJ运能”共计189,600股，委托数量分别是订单申报后与该订单同向前五档和前十档其他账户申报总量的4.69倍和2.22倍，委托数量占该股收盘前15分钟全市场买入委托总量的46.94%；9笔委托价格分别为122元（第1～

2笔)、121元（第3笔)、125元（第4~7笔）及135元（第8~9笔)，单笔申报价格均高于申报前市场成交价（2.54%~11.75%)，委托买入申报均价为126.11元，高于申报前市场最新成交价9.23%。上述委托全部成交，成交金额23,136,455元，占该股收盘前15分钟总成交量的73.53%。单笔委托经撮合成交价格上涨，幅度达1.88元~6.95元，当日“ZJ运能”收盘价高于操纵前市场最新成交价7.11%。锦绣前程账户组次日卖出“ZJ运能”291,900股，成交金额37,162,462.5元。

2015年7月28日14：58：53至收盘，锦绣前程账户组分4笔申报买入“ZJ运能”共计180,000股，委托数量分别是订单申报后与该订单同向前五档和前十档其他账户申报总量的13.53倍和8.53倍，委托数量占该股收盘前15分钟全市场买入委托总量的73.53%；委托买入申报均价为137元，高于申报前市场最新成交价8.73%。上述委托全部成交，成交金额23,451,626元，占收盘前15分钟该股总成交量的79.51%。当日“ZJ运能”收盘价高于操纵前市场最新成交价3.52%。锦绣前程账户组次日卖出“ZJ运能”44,300股，成交金额5,956,471元。

综上，锦绣前程于2015年7月3日至2015年7月28日控制使用锦绣前程账户组，通过集中资金优势连续买卖、尾盘拉抬等方式，影响了“ZJ运能”的价格和交易量，后反向卖出，获利共计277,664.63元。

[辩护意见主文]

起诉意见书对锦绣前程的相关行为的认定，事实不清、证据不足、适用法律错误，本案中锦绣前程的行为并不构成操纵证券市场违法犯罪，恳请贵院依法做出不起诉决定。

一、起诉意见书认定的锦绣前程控制账户情况，事实不清、证据不足、适用法律错误

本案中相关协议、询问笔录、涉案账户委托交易流水资料、风险控制情况、相关公司提供的产品和交易资料、相关公司提供的情况说明等一系列证据证明，锦绣前程并无控制上述账户情况，起诉意见书的上述认定证据不足、

与事实不符。

（一）荣耀信托·锦绣前程5号结构化证券投资集合资金信托计划等4个信托产品账户并非锦绣前程控制账户；长江锦绣前程7号证券投资基金有其自身的股票账户，而中国证券监督管理委员会上海监管局认定操纵ZJ运能的账户是养河证券的自营账户，锦绣前程更不可能与之存在任何控制关系

锦绣前程仅是荣耀信托·锦绣前程5号结构化证券投资集合资金信托计划等4个信托产品的投资顾问，其权限仅为提供上述账户的投资决策顾问服务。信托公司为产品的管理人，对于锦绣前程的投资决策建议，管理人有权予以采纳或者拒绝。管理人采纳锦绣前程的投资建议，最终实施投资行为的主体为相关信托账户管理人即信托公司，而非作为投资顾问的锦绣前程。锦绣前程通过信托公司提供的系统下达的仅是投资顾问指令，最终无论是买入还是卖出证券，从事金融交易的主体不是锦绣前程而是相关信托公司。

长江锦绣前程7号证券投资基金在涉案时段仅与养河证券开展收益互换业务，期间并未买卖和持有任何股票。与养河证券的收益互换业务指的是，根据锦绣前程与券商养河证券的协议约定，在未来某一期限内针对特定股票的收益表现与固定利率进行现金流交换。这是一种典型的权益衍生工具交易形式。在锦绣前程作为管理人的相关基金与养河证券进行收益互换时，养河证券自营账户同时买卖相同的股票完全是券商的风险控制手段，锦绣前程既不知情，也不能控制养河证券的风险对冲行为。锦绣前程在系统中下达的仅是收益互换要约指令，买卖股票是养河证券自身经营行为，与锦绣前程并无任何事实或者法律关系。在属性上，基金仅持有收益互换权益，而收益互换交易对手养河证券自营账户买卖股票的风险对冲行为，锦绣前程根本无权也不可能进行任何形式的控制。同时，锦绣前程作为管理人的基金的收益来源于进行收益互换证券未来一段时间的收益表现，并非来自于证券买卖差价。证券买卖盈亏均归属养河证券，与锦绣前程无任何关系。此外，收益互换交易实践中，其风险控制手段并不完全是同向证券买卖，完全可以是反向交易，国际上进行收益互换交易的投资银行很少采取完全风险对冲策略。

根据《证券法》（本章以下均为2014年《证券法》）以及相关规章，锦绣前程显然不可能控制养河证券自营账户。《证券法》第137条规定：证券公司的自营业务必须以自己的名义进行，不得假借他人名义或者以个人名义进行。证券公司的自营业务必须使用自有资金和依法筹集的资金。证券公司不得将其自营账户借给他人使用。结合《证券公司证券自营业务指引》等一系列关于券商自营账户的管理规定，锦绣前程显然不可能控制养河证券自营账户。

因此，起诉意见书认定锦绣前程控制的荣耀信托·锦绣前程5号结构化证券投资集合资金信托计划等4个信托产品账户、长江锦绣前程7号证券投资基金对应的养河证券收益互换产品账户构成操纵证券市场罪，不仅明显违背信托产品、收益互换产品的基本事实属性与交易常识，而且明显与事实不符，证据明显不足。

支持锦绣前程上述意见的证据如下：

1. 相关投资顾问合同、信托公司情况说明等证据证明：荣耀信托·锦绣前程5号结构化证券投资集合资金信托计划等4个信托产品并非由锦绣前程控制。

（1）锦绣前程12号投资顾问合同第4.5.2条："甲方对乙方发出的投资建议进行审查，甲方有权根据本合同及信托文件、相关法律法规的规定拒绝执行乙方发出的投资建议。"

（2）荣耀信托公司出具的情况说明："产品投资过程为投资顾问通过我司提供的恒生资管系统客户端发出投资顾问指令，经过我司电子审核后发出。"

上述证据证明：在荣耀信托·锦绣前程5号结构化证券投资集合资金信托计划等4个信托产品中，锦绣前程系投资顾问，通过信托公司提供的系统发出的仅为投资顾问建议，最终投资交易指令均由荣耀信托发出。4个信托计划运作方式相同，投资交易指令均由信托公司下达。锦绣前程从事的是证券投资顾问业务，是证券投资咨询业务，是锦绣前程接受信托公司的委托，并按照约定，向信托公司提供涉及证券及证券相关产品的投资建议服务，辅助信托公司作出投资决策，信托公司产品直接或者间接获取经济利益的经营活动。

2. 权益类收益互换交易确认书、询问笔录、收益互换业务模式及对冲方式说明等证据证明：长江锦绣前程 7 号证券投资基金对应的养河证券收益互换产品账户并非由锦绣前程控制。

（1）锦绣前程与养河证券签订的权益类收益互换交易确认书所有条款内容均说明：养河证券根据锦绣前程提供的互换交易指令自行全权决定是否进行对冲交易，锦绣前程对于养河证券权益互换自营账户交易无法干涉或者持有异议。锦绣前程在选定进行收益互换的目标股票标的后，需通过养河证券提供的系统发出收益互换要约指令，在接到锦绣前程指令后，养河证券会进行审核，其决定是否接受锦绣前程的收益互换要约并全权决定是否进行对冲交易。锦绣前程认为需要结束收益互换时，仍需通过养河证券提供的系统发出结束收益互换要约，养河证券审核通过接受此要约后结束收益互换合约。锦绣前程作为管理人的基金与养河证券之间只对收益进行现金流交换，不需要进行股票实物交割，股票所有权、投票权等均属于养河证券。在整个交易过程中，锦绣前程作为管理人的基金并不买卖任何证券。

（2）2015 年 12 月 10 日养河证券金融衍生部高级经理张某询问笔录就收益互换产品的叙述是："主要是客户通过与我公司签订收益互换协议，向我公司缴纳现金保证金，获得一定名义本金额度，在名义本金额度内约定挂钩标的证券，实现挂钩标的的收益，并向我公司支付利息。每个收益互换产品都会对应一个独立的公司自营账户，该业务目前我公司采取的是完全对冲的策略，即客户通过互换交易终端发出的交易申请，通过我公司风控系统审查后，我公司会通过该产品对应的自营账户买入或卖出相同数量的该标的，并将该标的股票的收益计入客户的盈亏。"

（3）收益互换业务模式及对冲方式说明（养河证券盖章、张某签字）再次对上述情况予以说明。

（4）2015 年 12 月 10 日养河证券投资部副总肖某询问笔录："长江自营账户产品下单人：周某；具体下单的是周某有权限的系统。"

上述证据证明：长江锦绣前程 7 号证券投资基金仅与养河证券开展收益互换业务，而养河证券在与长江锦绣前程 7 号证券投资基金开展收益互换业务时，养河证券出于风险控制需要开立了与长江锦绣前程 7 号证券投资基金对应的自营账户，该账户系养河证券自营账户，该账户的股票买卖均由养河证券下达交易指令，锦绣前程对最终交易情况并不知情，也不可能操作养河证券自营账户。

锦绣前程与养河证券进行收益互换交易，使用的是互换交易终端，而非证券账户。锦绣前程所发出的交易申请仅为收益互换交易申请（要约），最终与养河证券达成的仅为收益互换交易，与证券交易无关。

养河证券在与锦绣前程达成收益互换交易的同时，自身采取完全风险对冲的策略，在经过其内部风控审查，认为未违反法律法规风控制度，才由其工作人员操作自营账户进行买入操作，下单人为养河证券员工。

在此之前，锦绣前程并不知悉养河证券的风险控制策略。锦绣前程仅在行政处罚程序中阅卷后才得知，养河证券为管理收益互换敞口风险，在与锦绣前程达成收益互换交易的同时，其采取了完全风险对冲策略，在二级市场上通过其自营账户买卖与锦绣前程收益互换合约相同价格和数量的证券，从而养河证券可以实现零风险敞口。所有买卖股票的交易指令，均由养河证券下达，与锦绣前程无关。实际上，如果养河证券有足够的其他风险管理手段或愿意承担风险敞口，在收益互换过程中养河证券可以完全不持有挂钩标的证券，或持有挂钩标的证券的数量与收益互换可以不完全相同。锦绣前程仅参与互换交易，并没有实际操作养河证券自营账户。

对养河证券自营账户买入的股票所有权、收益权、处分权及其他股东权利（如投票权等），锦绣前程均不享有任何权益且与其无任何关联。养河证券买卖上述证券的盈亏均归属养河证券，与锦绣前程完全无关。养河证券随时可以改变风险对冲策略，增加或减少持有相关证券或完全不使用风险对冲策略而不持有相关证券，锦绣前程也无权干涉。

因此，收益互换要约并不对养河证券持有股票证券产生实质性的控制，锦绣前程并不存在控制养河证券内部开立的与长江锦绣前程 7 号证券投资基金收益互换业务对应的养河证券自营账户的情况。

3. 涉案账户委托交易流水资料等证据证明：荣耀信托·锦绣前程 5 号结构化证券投资集合资金信托计划等 4 个信托产品账户、养河证券内部开立的与长江锦绣前程 7 号证券投资基金收益互换业务对应的养河证券自营账户的资金权属、流向明晰，利益分配合法合规，锦绣前程根本不存在控制上述账户的情况。

荣耀信托·锦绣前程 5 号结构化证券投资集合资金信托计划等 4 个信托产品账户、长江锦绣前程 7 号证券投资基金对应的养河证券收益互换产品账户相关交易流水、资金流水等证据显示：涉案账户内资金均来源于不同的合格投资人，其自由意思表示不受其他第三方控制。相关证券公司、信托公司的成立、存续、交易运作，设立在不同托管行的资金账户，证券账户均独立不受任何第三方干扰。涉案账户中的财产和收益均归入基金财产，锦绣前程仅依约收取投资顾问费或管理费。涉案账户内资金从未出现相互流动、交叉或混同现象。

因此，荣耀信托·锦绣前程 5 号结构化证券投资集合资金信托计划等 4 个信托产品账户、养河证券内部开立的与长江锦绣前程 7 号证券投资基金收益互换业务对应的养河证券自营账户并非由锦绣前程控制。

（二）起诉意见书认定养河证券自行开立的与长江锦绣前程 7 号证券投资基金收益互换业务对应的养河证券自营账户系锦绣前程控制的证据不足

具体而言，2018 年 5 月 30 日调查养河证券三位工作人员的询问笔录不能证明锦绣前程对养河证券的对冲策略明知，更不能证明养河证券收益互换交易自营账户归属于锦绣前程控制。

第一，该次调查中被询问的三名养河证券工作人员所作叙述，与 2015 年 12 月 10 日接受讯问时内容存在出入且无合理说明，同时，两次调查都没有询问实际下单人周某。

第二，被询问人在回答关于“完全风险对冲策略”时均推测当时客户明知，并且补充证据中增加了一份宣传册。但实际上锦绣前程及其公司管理人员许某或章某当时均未收到该宣传册，该宣传册中全无关于完全风险对冲策略的表述。三位被询问人并非当时与锦绣前程直接联系之人、亲身经历产品推介之人，三份询问笔录的内容实际上并不具有证明效力，不能作为认定事实的依据。

第三，2018 年 5 月 30 日的相关询问笔录，基于养河证券并未参与产品推介的人员的推测，意图证明锦绣前程知道养河证券自营账户所采取的策略为完全风险对冲策略，据此认定锦绣前程作出的投资建议即直接下达投资指令，没有任何关联证据支持。事实上，锦绣前程仅参与互换交易，并没有实际操作相关养河证券自营账户。本案证据中并无交易下达的 MAC、IP 地址等证据，无法证明锦绣前程直接下达交易指令。一方面，养河证券并未告知锦绣前程及其管理人员许某、章某该产品采取何种风险对冲策略；另一方面，养河证券提供的收益互换系统并不能控制养河证券自营账户，养河证券相关人员笔录明确说明，养河证券自营账户的风险对冲买卖由养河证券周某下达交易指令，对此锦绣前程不知情，且无权干涉；此外，养河证券可以随时改变风险对冲策略，其增加或减少持有相关证券或完全不使用风险对冲策略而不持有相关证券，对于上述行为锦绣前程均无权干涉。

第四，根据锦绣前程与养河证券的协议约定以及双方的履行事实，养河证券不仅有权拒绝锦绣前程提出的互换交易指令，而且其可以全权决定是否进行对冲交易，锦绣前程无条件接受相应结果。所以，证券公司权益互换自营账户完全系券商自行控制，与锦绣前程无关，基于现有证据根本无法证明锦绣前程控制养河证券开立的与长江锦绣前程 7 号证券投资基金收益互换业务对应的养河证券自营账户。

（三）起诉意见书认定锦绣前程对于涉案账户具有“投资决策权”，进而据此认定其实际控制涉案账户，属于适用法律错误

锦绣前程不具有相关交易的指令权、决策权、交易权。案涉信托账户、证券公司账户所对应的交易行为均不可认定为锦绣前程的行为。锦绣前程的案涉行为性质是投资顾问建议行为、收益权互换交易对手方行为，其在性质上不可能是实际控制账户行为、交易行为。锦绣前程不具有案涉相关交易的标的股票的任何权益。可见，一方面，锦绣前程对于涉案账户不具有所谓的“投资决策权”；另一方面，法律适用层面实际上也不存在所谓的“投资决策权”的概念。在法律上判断特定行为主体对于相关账户是否进行实际控制，其核心标准应当是“交易决策权”，即对相关账户的交易

行为是否具有决策权限。本案起诉意见书不仅在适用法律概念层面值得商榷，而且没有准确适用“交易决策权”标准判断锦绣前程与涉案账户之间的法律关系。

二、锦绣前程并不存在使用锦绣前程账户组操纵“ZJ 运能”的情况，起诉意见书所认定的事实不清、证据不足

起诉意见书认定锦绣前程于 2017 年 7 月 3 日至 28 日控制使用锦绣前程账户组，通过集中资金优势连续买卖，尾盘拉抬等方式，影响了“ZJ 运能”的价格和成交量，通过反向卖出获利，与事实不符。

（一）起诉意见书认定的所谓锦绣前程实施操纵行为的时间，是中国证券市场处于极度非理性下跌的异常波动期间。在该特定事件背景下，锦绣前程担任投资顾问的相关基金对于 ZJ 运能股票的建议买入行为合规、合法、合乎市场逻辑与常识，显然系正常的投资和交易行为。建议买入完全是以真实成交为目的的正常交易行为，买入交易决策和买入时间点具有完全的经济合理性，买入交易指令完全是以实现交易目标为目的，无任何操纵股票的主观故意与客观行为

1. 起诉意见书认定的所谓锦绣前程实施操纵的时间，是中国证券市场处于极度非理性的异常波动期间，在市场异常波动背景下，股价在短期内波动巨大，锦绣前程下达的买入建议指令完全合乎市场逻辑，而非市场操纵行为。

起诉意见书认定锦绣前程操纵 ZJ 运能股票价格的交易时间分别为 2015 年 7 月 3 日、2015 年 7 月 6 日、2015 年 7 月 16 日和 2015 年 7 月 28 日，当时市场正处于极度非理性的异常状态中。根据市场公开信息，有关部门密集出台救市措施，“国家队”通过巨量资金连续买入、巨额托单申报等方式稳定市场。

起诉意见书认定锦绣前程操纵 ZJ 运能的第一笔买入发生于 2015 年 7 月 3 日，即国家密集出台救市政策之际，也正是在中国证券市场处于极度非理性下跌的异常波动的大环境之下。该特定时间是中国证券投资基金业协会发出倡议之后，锦绣前程遵守中国证券投资基金业协会倡议，相信救市政策能够奏效，相信监管当局的判断，相信当时股市下跌仅是阶段性非理性抛售，在

市场稳定后会重归牛市轨道。出于对公司价值的判断，合规、合法建议买入股票。起诉意见书机械地截取孤立的若干个时间点并据此将锦绣前程建议买入股票救市的行为认定为操纵市场，明显脱离最基本的历史事实、市场逻辑与金融常识。

2. 根据起诉意见书的认定，锦绣前程于 2015 年 7 月 3 日仅申报买入 2 笔，2015 年 7 月 6 日申报买入 3 笔，2015 年 7 月 16 日申报买入 9 笔，2015 年 7 月 28 日申报买入 4 笔，如此少量的申报买入显然不符合连续买卖的事实。更为重要的是，上述尾盘买入行为完全是基于当时特定的市场行情所作出的特定的交易决策，起诉意见书认定其为尾盘拉抬与事实不符。

锦绣前程使用的操作系统均由券商提供，完全靠手工交易，无自动报价功能，无市价委托功能。2015 年 7 月 3 日收盘前最后一分钟，锦绣前程建议以不高于 143. 5 元，买入 420000 股 ZJ 运能股票，客观上只能采取这样的方式报价，其他任何交易指令均无法顺利完成交易目标。同时，143. 5 元的价格与 7 个交易前的最高价 171. 61 元相比，折价了 16. 2%，在如此短的时间内，能以如此低的价格买入，锦绣前程认为这是极为难得的投资机会，显然该行为极具经济合理性，符合逻辑。事实也证明，当时市场非理性下跌确实对大多数公司股价“错杀”，此时是难得的投资买入点，此后中国股市经历熔断等大幅非理性下跌后，ZJ 运能股价（复权）最高达到了 300. 74 元，以 143. 5 元价格建议买入，即使在案件审理时看起来也并不高。

在尾盘时段买入的主要原因是市场处于极度恐慌的异常波动状态下，投资建议的形成必须汇集各方信息，经综合考虑最后时段的整体市场情况，才在收市前最后一刻，作出买入决策并下达建议。

以 2015 年 7 月 3 日为例，当日是周五，此前国家密集出台了救市政策，7 月 3 日一早已经确认中央汇金出手 395 亿元申购交易型开放式指数基金（ETF），在交易时段的最后时刻基于对国家救市政策的信任，经分析，锦绣前程认为周末国家一定会出台更加有力的政策措施，市场将结束异常波动，重回牛市轨道，最后一分钟是最后的买入时机。因此，锦绣前程下达了以完全成交为目的的交易指令建议。在当时的市场环境下，这样的决策并不具有操纵意图。

事实证明，锦绣前程的决策是正确、合理且符合市场逻辑与常识的。周末时段国家发布救市政策。周末一时间大盘涨停，股民奔走相告。2015 年 7 月 6 日周一一早上证指数以 3975.21 点，大幅跳空 7.82% 高开，再次创造历史。站在 2015 年 7 月 6 日的早晨，身处 2015 年 7 月 6 日前的一个周末看，2015 年 7 月 3 日最后一分钟锦绣前程的买入决策建议具有准确且客观的市场逻辑。从 ZJ 运能个股表现来看，7 月 6 日开盘价为 153.99 元，涨幅达到 9.16%，足以证明 2015 年 7 月 3 日锦绣前程建议买入行为并未影响该证券的量价形成机制，其他三个交易日也是类似的。而 2015 年 7 月 6 日的卖出行为更加具有经济合理性，在所谓“王炸”之后，市场高开，但由于没有救市资金介入，市场高开低走，市场恐慌程度加剧，众多投资人陷入绝望之中，在此情况下，被迫纠错卖出合乎逻辑，合乎常理，从交易行为可以看出，该卖出行为完全是在市场出现恐慌后被迫纠错行为，而不是操纵获利交易行为。如果为操纵获利，在 2015 年 7 月 6 日集合竞价高开 9.16%，股价达到 153.99 元时可以一次性卖出获利，而锦绣前程的交易行为完全符合恐慌时被迫选择的纠错交易行为，显然锦绣前程不具有操纵意图。

同样，2015 年 7 月 6 日、2015 年 7 月 16 日、2015 年 7 月 28 日，基于上述逻辑，锦绣前程实施正常的买入指令建议，在买入过程中无任何虚假申报、虚假撤单等操纵股价的行为，显然不具有操纵股票的故意与行为等事实。

（二）起诉意见书认定锦绣前程通过集中资金优势连续买卖、尾盘拉抬等方式，影响“ZJ 运能”的价格和交易量，与事实不符。锦绣前程既不具有资金、信息、持仓等优势，也未进行连续买卖操纵，更没有进行尾盘拉抬，完全没有影响 ZJ 运能价格和交易量。2015 年 7 月 3 日、2015 年 7 月 6 日、2015 年 7 月 16 日、2015 年 7 月 28 日，锦绣前程的买入行为并未导致 ZJ 运能交易量发生异常变化，更未影响 ZJ 运能价格

1. 在当时市场异常波动期间，股价波动幅度较大是常态。2015 年 7 月 3 日、7 月 6 日、7 月 16 日及 7 月 28 日，绝大多数股票价格甚至指数都是大幅

波动的，与市场整体状况相比，ZJ 运能的价格波动在正常范围之内。

2. 锦绣前程在 2015 年 7 月 3 日、2015 年 7 月 6 日、2015 年 7 月 16 日和 2015 年 7 月 28 日的买入行为，并未导致股价异常波动。

以 2015 年 7 月 16 日为例，ZJ 运能盘中最高价为 125. 61 元，并非锦绣前程担任投资顾问的相关基金买入行为所致。收盘价为 123. 66 元，下跌 1. 29%，而当日深证成份指数上涨 1. 86%，创业板指数上涨 1. 43%，上证指数上涨 0. 45%。锦绣前程的买入行为并未导致股价异动。2015 年 7 月 16 日整个市场都波动极大，ZJ 运能股价走势与大盘相符。2015 年 7 月 16 日上证指数收盘时 3823. 18 点，涨幅 0. 46%；最低 3688. 44 点，较前日下跌 117. 26 点或 3. 08%；最高 3877. 51 点，比前日上涨 71. 81 点或 1. 87%；全日振幅达 189. 07 点或 5. 12%。详见下图：

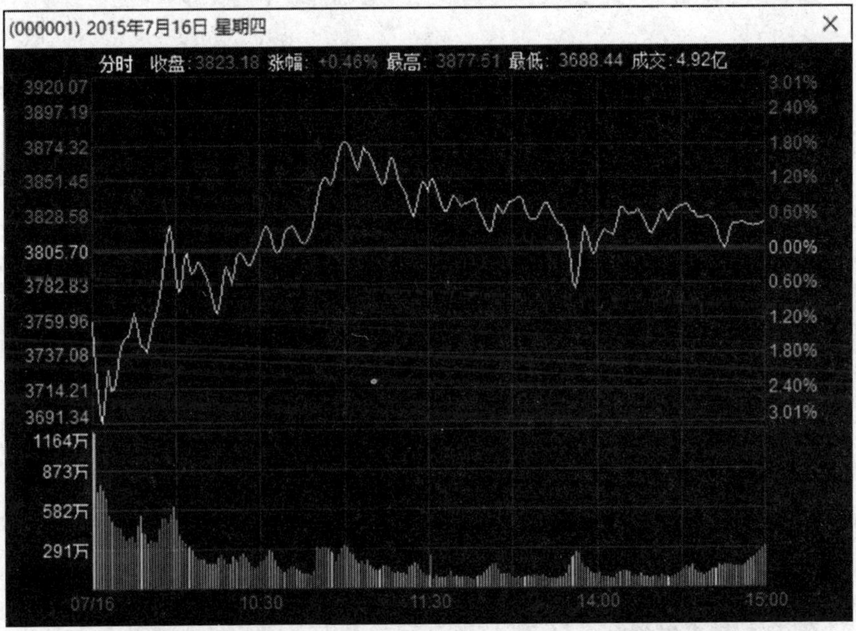

深圳成份指数收盘 12357. 61 点，涨幅 1. 86%；最低 11637. 4 点，较前日下跌 495. 02 点或 4. 08%；最高 12600. 65 点，较前日上涨 468. 23 点或 3, 86%；当日指数振幅达到 963. 25 或 8. 28%。详见下图：

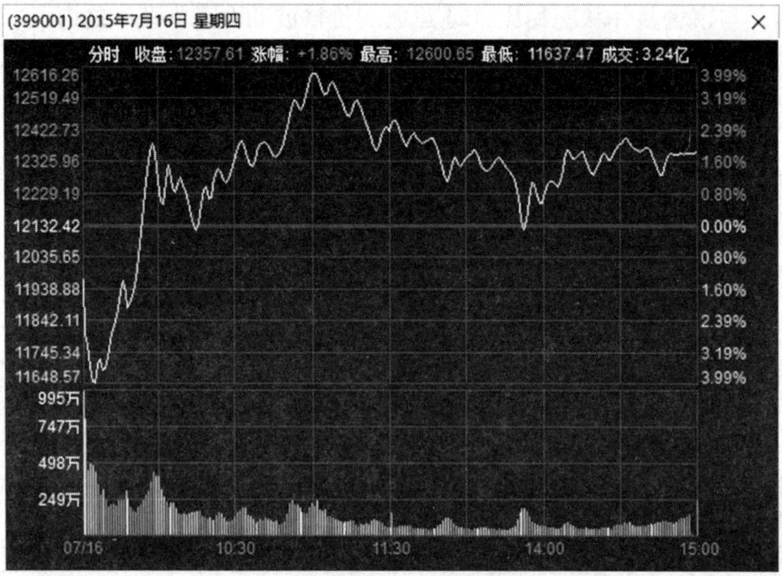

创业板指数收盘 2627. 08 点，涨幅 1. 43%；指数最低点 2439. 24 点，下跌 150. 79 点或 5. 82%；指数最高点 2698. 16 点，上涨 108. 13 点或 4. 17%；全日指数振幅为 258. 92 点或 10. 61%。详见下图：

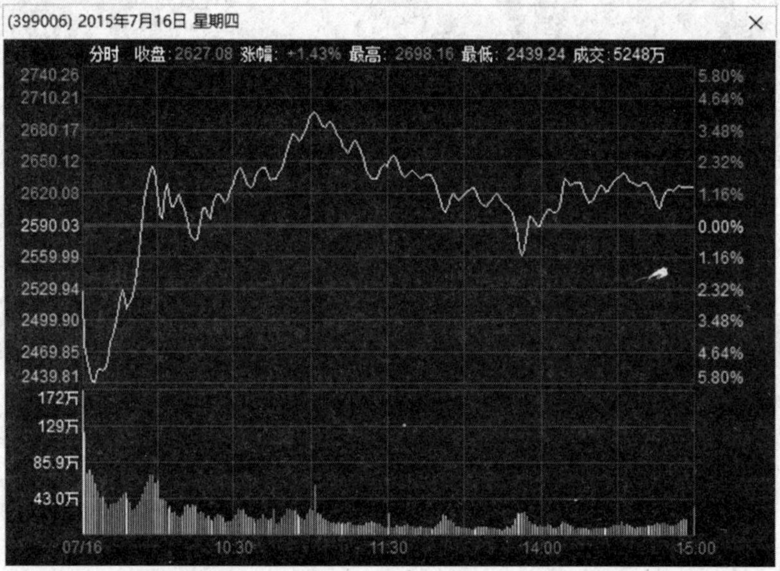

ZJ 运能的股价走势与大市相若，锦绣前程担任投资顾问的相关基金产品买入行为并未影响该股价格。详见下图：

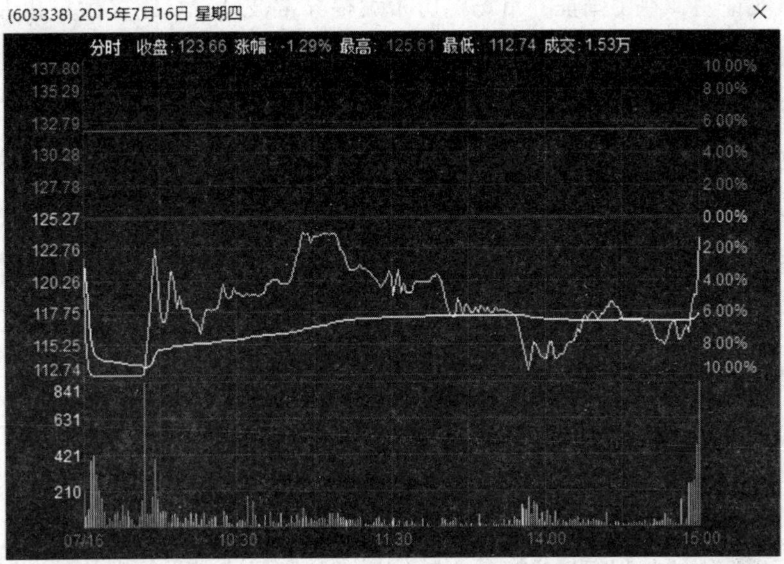

3. 锦绣前程当时的买入建议是基于对公司价值的判断，买入价格处于合理范围内。在经历市场异常波动、熔断等一系列市场重大调整后，绝大多数股票价格跌幅巨大，但 ZJ 运能的股票价格仍然远高于锦绣前程担任投资顾问的相关基金产品当时的买入价格。因此在当时的市场环境和指数点位下，锦绣前程当时建议买入价格完全是基于价值判断，锦绣前程的买入建议具有非常强的经济合理性与市场逻辑，并未影响该公司股票价格。

所以，起诉意见书所认定的高于申报前市场最新成交价 8.55% ~ 11.75% 的价格，既未超过当天该股票最高价，也未超过当天股价波动范围。同时，锦绣前程建议买入后该股收盘价既未高于当天最高价，又低于全部市场指数涨幅。即使相关基金产品买入 ZJ 运能，也根本不存在扭曲市场价格的问题。

（三）锦绣前程建议买入 ZJ 运能股票的行为具有坚实的客观基础

锦绣前程自 2015 年 4 月开始因研究员介绍了解 ZJ 运能，多次派人去其公司实地调研。经过投研部门多方考察，锦绣前程认为该公司业绩稳健，公司自身财务状况良好，公司销售业绩稳步增长，现金流稳定，符合锦绣前程的价值投资理念，具有很高的投资价值。鉴于上述因素，锦绣前程投资决策认定 ZJ 运能值得长期持有，可重仓持有。

事实证明，在中国证券市场经历了大幅异常波动、熔断之后，在大部分股票股价出现极大幅度下跌的情况下，ZJ运能股价目前仍然大幅高于建议买入时的价格。因此，锦绣前程担任投资顾问的信托计划，从2015年4月开始一直在陆续买入并长期持有ZJ运能股票，并一直持有到产品结束。由此可知，锦绣前程的投资建议以长期持有为目的。

在2015年7月的特殊市场背景下，个股每日价格波动幅度很大，锦绣前程每日做出决策时只能具体分析当日市场状况，考虑各种因素后根据个股波动情况做出投资建议。对个别股票即使是恰巧逢尾市发出建议，也是出于具体情况具体分析而作出的金融行为，在当时只能是顺势而发。在这种市场环境下，ZJ运能属于值得买入的股票，锦绣前程建议买入且长期持有的行为，并不具备操纵意图。

而且，锦绣前程担任投资顾问的信托产品和锦绣前程管理的基金对应的收益互换账户自买入ZJ运能后，一直长期持有ZJ运能。特定交易日内偶然的交易行为不能改变事实上因客观认可ZJ运能股票的投资价值，而一直长期持有ZJ运能的主观意图。故此，锦绣前程确实不具有短期操纵的主观意图。

（四）起诉意见书指出的相关卖出行为，不能认定为基于尾市拉抬价格后的反向卖出行为

考虑到国家密集出台的救市政策的影响力，为响应基金业协会倡议，锦绣前程建议7月3日买入ZJ运能，事实上在7月3日后的周末，国家密集出台了救市政策，其中包括被称为“王炸”的中国人民银行对中国证券金融公司无限量流动性支持，两市大盘“周末涨停”。但是，7月6日证券市场开盘后，指数出现大幅高开低走的情况，市场情绪更加恐慌。受恐慌情绪影响，锦绣前程被迫纠错建议少量卖出，该行为与尾市收盘价格完全无因果关系。从细节上分析，7月6日，ZJ运能大幅高开，涉案账户在高开时并不存在卖出行为，而是在大市出现恐慌，ZJ运能出现大幅下跌时被迫采取纠错式卖出。这显然不符合操纵获利的交易行为特征，如果前日操纵仅为此日获利卖出，则大幅高开时就是最佳卖出时机，完全应该在大幅高开时实施卖出动作。而交易行为显然证明，7月3日买入行为并无次日卖出获利之操纵意图。

2015年7月17日，锦绣前程预判当日是股指交割日，在7月16日收市时必会出台更强有力的政策，但是国家并未出台政策，相关信托产品被迫纠错。起诉意见书认定的7月17日反向卖出行为，系个别相关信托产品的自身策略因素驱动的。其在此前多个交易日里一直在减持ZJ运能股票，7月17日卖出行为是自身策略的延续，与7月16日的尾盘买入行为无任何关联。起诉意见书不能仅截取涉及ZJ运能的前后两个交易日买入、卖出的数字，完全忽略同期证券市场背景情况，忽视已经拟定的长期投资策略，断章取义地推定锦绣前程具有操纵股价的主观意图与操纵行为。

此外，纵观2015年7月的中国证券市场，无论是大市还是个股，次日走势完全取决于国家救市政策和“国家队”救市力度，前一日收盘股价不是后一日开盘股价的影响因素，次日卖出行为与相关基金产品上日买入行为毫无关系。起诉意见书认定次日盈亏与前日相关基金买入有关，没有任何事实依据。

（五）起诉意见书认定的锦绣前程通过操纵获利与事实不符

锦绣前程收益仅为管理费和投资顾问费，股价波动与锦绣前程无关。

锦绣前程仅担任相关基金产品的投资顾问，锦绣前程收益仅为投资顾问费。股票买卖损益均归属基金财产，为基金全体持有人所有。基金的损益与锦绣前程无直接关系，锦绣前程更无法从基金收益中获益。因此，起诉意见书认定锦绣前程在交易中获利与事实严重不符。即使相关交易存在收益，锦绣前程从该交易收益中并无任何违法所得。

三、起诉意见书认定锦绣前程的行为违反《证券法》第77条第1款第1项、第4项的规定，构成《证券法》第203条所述操纵证券市场的行为，属于适用法律错误

（一）锦绣前程的行为不构成连续交易操纵

参考《市场操纵认定指引》（已废止）的相关规定，锦绣前程的行为完全不符合《证券法》第77条第1款第1项规定的连续交易操纵。

《市场操纵认定指引》相关规定如下：

第十四条　本指引所称影响证券交易价格或者证券交易量，是指行为人的行为致使证券交易价格异常或形成虚拟的价格水平，或者行为人的行为致使证券交易量异常或形成虚拟的交易量水平。

前款所称致使，是指行为人的行为是证券交易价格异常或形成虚拟的价格水平、或者证券交易量异常或形成虚拟的交易量水平的重要原因。

行为人的行为致使证券交易出现下列情形之一的，可认定为影响证券交易价格或者证券交易量：

（一）致使新股或其他证券上市首日出现交易异常的；

（二）致使相关证券当日价格达涨幅限制价位或跌幅限制价位或形成虚拟的价格水平，或者致使相关证券当日交易量异常放大或萎缩或形成虚拟的交易量水平的；

（三）致使相关证券的价格走势明显偏离可比指数的；

（四）致使相关证券的价格走势明显偏离发行人基本面情况的；

（五）证券交易所交易规则规定的影响证券交易价格或者证券交易量的情形；

（六）中国证监会认定的影响证券交易价格或者证券交易量的其他情形。

前款第（一）项至第（四）项所称异常、虚拟的价格水平、虚拟的交易量水平和明显偏离等，可以结合专家委员会或证券交易所的意见认定。

第十五条　证券执法人员可以根据证券市场有关状况或证券市场发展规律，依据普遍的经验法则和证券市场常识，对行为人的行为是否是证券交易价格或者证券交易量变动的重要原因进行判断，并说明判断的依据和结果。

第二十一条　连续买卖，是指行为人在某一时段内连续买卖某种证券。在1个交易日内交易某一证券2次以上，或在2个交易日内交易某一证券3次以上的，即构成连续买卖。

本条所称买卖，包括未成交的买卖申报，不限于实际成交的买入或卖出交易。

第二十二条第一款　具有下列情形的，可以认定为连续交易操纵：

（一）集中资金优势、持股优势或者利用信息优势；

（二）联合买卖证券或者连续买卖证券；

（三）影响证券交易价格或证券交易量。

起诉意见书认定的锦绣前程涉嫌市场操纵的时间区间，属于中国证券市场异常波动的特殊历史时期。当时，中国证券投资基金业协会号召私募基金积极买入股票，维护市场稳定。中国证券金融公司和中央汇金有限责任公司在市场积极买入股票。国家救市资金，集中数以万亿计的资金优势，以巨额托单连续买入，属于稳定市场操作，不构成市场操纵。在同样的市场环境下，在同一时期，锦绣前程同样响应国家号召的买入行为显然同样不构成连续交易操纵。因为当时的市场行情决定了锦绣前程的交易行为或者交易量水平，根本不可能且实际上也不存在致使相关证券当日价格达涨幅限制价位或跌幅限制价位或形成虚拟的价格水平，或者致使相关证券当日交易量异常放大或萎缩或形成虚拟的交易量水平，或者致使相关证券的价格走势明显偏离可比指数。根据证券市场有关状况或证券市场发展规律，依据普遍的经验法则和证券市场常识，完全可以判断锦绣前程的行为不属于证券交易价格或者证券交易量变动的重要原因。

锦绣前程担任投资顾问的相关基金买入 ZJ 运能股票是发生在中国证券市场前所未有的异常波动期间，当时中国证券市场处于极度非理性波动状态，股价大幅波动几乎是常态。国家密集出台救市政策维护市场稳定。锦绣前程响应国家号召，基于对公司价值的判断，合情、合理、合规、合法正常买入股票。所有买入行为均是以真实成交为目的，在锦绣前程担任投资顾问的相关基金买入期间，该公司股票价格未发生明显异动，与市场总体状况和绝大多数股票走势相符。因此，锦绣前程的行为不可能构成连续交易操纵。

2015 年 7 月 3 日，锦绣前程一共仅建议买入 2 笔；2015 年 7 月 6 日，锦绣前程一共建议买入 3 笔；2015 年 7 月 16 日锦绣前程建议买入 9 笔；2015 年 7 月 28 日，锦绣前程建议买入 4 笔。如此少量的建议买入以及少量的卖出行为，如果可以构成连续买卖（在 1 个交易日内交易某一证券 2 次以上，或在 2 个交易日内交易某一证券 3 次以上的，即构成连续买卖）进而构成连续交易操纵，那么当时比锦绣前程交易量大的交易有很多，比涉案股票波动幅度大且波动时间长的股票也为数众多，而这些交易行为没有被认定为连续交易操纵，只能说明起诉意见书所依据的规则错误，或者本案的起诉意见书存在选择性执法的疑问。

（二）锦绣前程的行为不构成尾市交易操纵

其一，锦绣前程的行为并未影响股票价格，不符合尾市交易操纵的构成。

按照起诉意见书所认定的交易时间区间的当时个股实时价格，即使相关信托公司采纳锦绣前程投资建议买入 ZJ 运能，买入价也不是当日最高价，更未致使当日价格达涨幅限制价位或跌幅限制价位。即使锦绣前程以完成交易为目的建议适当提高买入报价，最高报价仍然大幅度低于几个交易日前的实际成交价，ZJ 运能的价格走势未偏离可比指数。纵观 ZJ 运能股价情况，即使经历了股市异常波动和熔断，ZJ 运能依然被市场看好，公司经营一直向好，股价合理，恰恰证明锦绣前程对其的买入建议是有理有据的，完全具有合理性。起诉意见书不可以割裂事物发展规律，仅凭短短十数分钟发生的情形，断章取义地认定锦绣前程影响收盘价格。考虑到当时证券市场有关状况或证券市场发展规律，如果综合当日或者该时间区间 ZJ 运能股票的市场价格波动幅度，完全可以看到锦绣前程的申报价格不是股票价格波动的重要影响因素。同时，价格影响不能只看委托买入均价，而应当通过数据量化分析每一笔买入行为对市场的影响以及最后一分钟所有买入行为对市场的影响，并分析当时市场有无系统性风险。但起诉意见书只对锦绣前程在最后时间段的行为进行放大分析，而忽略了特定时间区间以及当日的整体交易情况、市场系统性风险等因素，从而错误地认定了锦绣前程的行为影响股票市场价格。

其二，锦绣前程的行为符合当时的规则，其在尾市阶段参与连续竞价并作用于价格形成机制，并不属于违规行为，不属于操纵行为。

中国证券市场设置涨跌停板限制，在涨跌停价范围内挂单是符合监管、交易所规则的，且全部建议经券商、信托、交易所重重审查，最终予以采纳并执行。既然是在价格限制范围内的价格申报，就不应当基于其与报价前的市场价格存在偏差就认定为操纵股票。如果在规则允许的范围内的下单买入行为构成操纵市场，则完全可以通过修订规则限定相关买入申请为无效申请，从而可完全避免市场操纵。因此从投资人能理解的角度，无任何操纵主观故意的买入挂单，完全符合交易所规则，并被认定为有效的交易申请，显然不构成操纵。在全世界范围内，几乎所有交易所都实施了限价申报制度，2019年6月交易所在科创板交易机制中也引入了限价交易机制，即不符合要求的申报将不能成交。在起诉意见书认定的锦绣前程涉案行为中，有的仅有一笔申报，如果该笔申报会造成价格异常波动，全世界交易所都会实行限制申报制度，致使交易不能成交。按照锦绣前程的理解，能被交易所接受的单笔申报，都是合理、合法、合规的买入行为。因此锦绣前程的单笔申报，无论如何也不应该被认定为市场操纵行为，如果这样的申报都被认定为市场操纵行为，那么所有市场参与主体的交易行为安全将无法得到保障，也违背了法律的本义。

在起诉意见书认定的锦绣前程涉案行为发生时，交易所是以连续竞价方式结束收盘阶段，每日收盘价由最后一笔交易前一分钟的成交量平均加权价决定。在这种机制下，收盘价受尾盘大额订单集中申报影响。因此，即使锦绣前程的申报行为在一定程度上属于影响收盘价格的因素之一，也是符合当时的交易规则与收盘价形成机制的合法合规行为。

如果要对收盘阶段大额申报影响价格的问题进行归责或者改变，实际上也只能修改交易规则，而不应当对行为时符合交易规则的行为进行处罚。也正是因为如此，2018年8月20日，交易所针对交易规则的不完善已经做了修订，将收盘价形成机制修改为最后三分钟集合竞价，即在当天还没有成交价的时候，可根据前一天的收盘价和对当日股市的预测来输入股票价格。在这段时间里输入计算机主机的所有价格都是平等的，不需要按照时间优先和价格优先的原则交易，而是按最大成交量的原则来定出股票价位，这个价位就被称为集合竞价的价位，而这个过程被称为集合竞价。集合竞价采用最大成交量原则，即以此价格成交能够得到最大成交量。高于集合竞价产生的价格的买入申报全部成交；低于集合竞价产生的价格的卖出申报全部成交；等于集合竞价产生的价格的买入或卖出申报，根据买入申报量、卖出申报量的多少，按少得一方的申报量成交。可见，即使起诉意见书认定锦绣前程行为对收盘价具有一定影响，其后果也应当是交易规则不完善所致，不能据此认为锦绣前程的行为不合规、不合法。

所以，荣耀信托·锦绣前程5号结构化证券投资集合资金信托计划等4

个信托产品账户、长江锦绣前程 7 号证券投资基金对应的养河证券收益互换产品账户并非锦绣前程控制账户。2015 年 7 月 3 日至 2015 年 7 月 28 日，锦绣前程并未控制上述账户，通过集中资金优势连续买卖、尾盘拉抬等方式，影响“ZJ 运能”的价格和交易量，然后反向卖出获利。锦绣前程的行为并未违反《证券法》第 77 条第 1 款第 1 项、第 4 项的规定，因此并不构成《证券法》第 203 条所述操纵证券市场的行为，更不符合《刑法》第 182 条操纵证券市场罪的规定。综上，起诉意见书认定的事实不清、证据不足，适用法律错误。

第八章

操纵类金融工具行为的司法认定

——邮票交易平台诈骗案辩护意见

[辩护逻辑]

利用邮票等标准化的类金融工具市场中的持仓优势及资金优势，买卖邮票并从中获利，并不是诈骗行为。其行为模式实际上属于《刑法》第182条规定的操纵证券、期货市场行为，即利用自己的资金优势与持仓优势，联合或连续买卖邮票，导致邮票价格在被告人行为的影响下涨跌，从巨大的市场价格波动中获取巨额收益。诈骗行为所侵犯的法益是公私财产的所有权，而操纵行为所侵犯的客体是社会主义市场经济中的金融管理秩序，操纵邮票市场行为不能认定为诈骗行为。

[案情]

2015年11月以来，被告人符某1、张某1以非法占有为目的，在金华、义乌等地招募被告人胡某等人为骨干成员，利用海滨大宗商品交易市场服务有限公司（以下简称海滨平台），采取操盘的方式操纵邮票的价格走势，从而骗取被害人资金。

该诈骗集团层级清楚、分工明确，由被告人符某1、张某1出资将13种邮票在海滨平台上市；被告人胡某1、龚某等人担任营业部经理，负责营业部的管理及业务员培训等，被告人胡某1还负责和平台对接等；被告人张某2、肖某、罗某、陈某、梅某等人为讲师团队成员，讲师团队负责诱骗被害人操作买卖邮票等；被告人杨某1、符某2、王某、张某3、瞿某1、杨某2、楼某、黄某等人为操盘团队成员，被告张某1、张某2负责指挥操盘手操盘，操盘团队负责操纵邮票价格走势等；被告人闫某等人为营业部业务员小组组长，被告人倪某等人为营业部业务员小组副组长，被告人成某、瞿某2等人为营业部小组组员，和营业部经理胡某1、龚某等人共同组成业务团队，业务团队负责物色被害人等。

被告人成某、瞿某2等业务员先物色被害人，被告闫某等组长则包装成"资深分析师"等，业务员和组长负责共同诱骗被害人到新浪直播间听讲师张某2、肖某等人讲课，被告人张某2、罗某、陈某、肖某、梅某等讲师诱骗被害人投入资金进行邮票交易，然后由业务员当托，与讲师相互配合，诱骗被害人购买符某1、张某1在平台上市的13种邮票，操盘团队则操纵邮票价格的涨跌，以配合讲师对邮票价格走势的"预测"，使讲师得到被害人的信任，之后讲师团队、操盘团队、业务团队又相互配合，通过操盘团队操纵邮票价格使邮票价格上涨，诱骗被害人买进邮票，而操盘团队高价位抛售邮票，操盘手再操纵邮票价格使邮票价格下跌，操盘团队则伺机在低价位购买邮票，从而骗取被害人资金。

被告人符某1、张某1、胡某、张某2、龚某、罗某、符某2、王某、闫某、倪某、成某、瞿某2自2015年11月参与犯罪，被告人陈某、张某3、瞿某1、杨某2自2015年年底参与犯罪，被告人肖某自2016年3月参与犯罪，被告人楼某自2016年4月参与犯罪，被告人杨某1自2016年7月参与犯罪，被告人梅某、黄某自2016年8月参与犯罪，其中被告人王某于2016年10月离开。

自2015年11月至2016年12月，被告人符某1、张某1等人骗取被害人赵某1、刘某1等全国各地20,000余被害人的资金共计人民币1,005,898,225.61元（以下币种均为人民币）。

被告人符某1、张某1、胡某、张某2、罗某等诈骗数额为1,005,898,225.61元，被告人肖某、陈某、梅某的诈骗数额为226,339,997.48元，被告人符某2的诈骗数额为586,310,088.1元，被告人王某的诈骗数额为375,979,927.95元，被告人张某3、瞿某1、杨某2、杨某1、黄某的诈骗数额为223,488,187.59元，被告人楼某的诈骗数额为2,851,809.89元。

被告人龚某管理的“鲲鹏队”“龙魂队”“SKY 神之队”“风启队”所诱骗的被害人的入金数额共计约为 189, 052, 950 元，已查明（有被害人报案，下同）的诈骗数额共计 4165726. 13 元；被告人闫某、倪某、瞿某 2 所在的“疾风队”所诱骗的被害人的入金数额为 32, 504, 566. 66 元，已查明的诈骗数额共计 2, 527, 451. 89 元。被告人成某于 2016 年 8 月转入“疾风队”之后，“疾风队”所诱骗的被害人的入金数额为 8, 818, 833. 33 元，已查明的诈骗数额共计 202, 741. 33 元。

2015 年 12 月以来，朱某、刘某 2（均另案处理）伙同被告人符某 1 共同出资将 1 种邮票在平台上市，并利用该平台，采取操盘的方式操纵邮票的价格走势，从而骗取被害人资金。

2016 年 5 月被告人符某 1 撤资，2015 年 12 月至 2016 年 5 月间，被告人张某 1 负责指挥操盘等，被告人张某 2、肖某、罗某、陈某负责诱骗被害人操作买卖邮票等。

朱某、刘某 2、符某 1 利用讲师团队、操盘团队、业务团队相互配合的方式，通过操盘团队操纵邮票价格使邮票价格上涨，诱骗被害人买进邮票，而操盘团队高价位抛售邮票，操盘手再操纵邮票价格使邮票价格下跌，操盘团队则伺机在低价位购买邮票，从而骗取被害人资金。

自 2015 年 12 月至 2016 年 4 月，朱某、刘某 2 及被告人符某 1 等人骗取被害人资金共计 8, 799, 980 元。被告人符某 1、张某 1、张某 2、罗某的诈骗数额为 8, 799, 980 元。

被告人符某 1、张某 1、胡某 1、张某 2、龚某、杨某 1、符某 2、王某、张某 3、瞿某 1、杨某 2、楼某、黄某、闫某、倪某、瞿某 2、成某于 2016 年 12 月 29 日被公安机关抓获归案；被告人肖某于 2017 年 2 月 15 日被公安机关抓获归案；被告人梅某于 2017 年 2 月 23 日被公安机关抓获归案；被告人陈某于 2017 年 2 月 24 日被公安机关抓获归案；被告人罗某于 2017 年 4 月 6 日被公安机关抓获归案。

检察机关认为，被告人符某 1、张某 1、胡某 1、张某 2、龚某、肖某、罗某、陈某、梅某、杨某 1、符某 2、王某、张某 3、瞿某 1、杨某 2、楼某、黄某、闫某、倪某、瞿某 2、成某以非法占有为目的，采用虚构事实、隐瞒真相的手段，骗取他人财物，其中被告人符某1、张某1、胡某1、张某2、龚某、肖某、罗某、陈某、梅某、杨某1、符某2、王某、张某3、瞿某1、杨某2、楼某、黄某、闫某、倪某、瞿某2犯罪数额特别巨大，被告人成某犯罪数额巨大，上述各被告人的行为均已触犯《刑法》第266条之规定，犯罪事实清楚，证据确实、充分，应当以诈骗罪追究各被告人的刑事责任。本案系共同犯罪、集团犯罪，同时适用《刑法》第25条、第26条之规定。

[辩护意见主文]

公诉机关关于本案所有被告人构成诈骗罪及符某2的诈骗数额为1,109,957,104.1元的指控，事实认定错误、证据严重缺失、法律适用错误，恳请贵院能够坚持罪刑法定原则，对其依法作出被告人不构成诈骗罪的判决。具体法律意见如下：

一、认定本案被告人构成诈骗罪所依据的事实，首先应当客观、真实，条理清晰，符合逻辑，而起诉书中指控事实的描述，违背了基本逻辑，歪曲了事实

（一）被告人符某1选择海滨平台的过程，以及浙江华恩资本管理有限公司（以下简称浙江华恩公司）经营的性质，决定了其并不是靠虚构事实、隐瞒真相的诈骗行为来获利的

要判断本案被告人买卖邮票的行为是否构成诈骗罪，必须首先确定海滨平台为一个真实、合法、有效的邮票市场交易平台，只有在海滨平台合法的前提下，才能继而讨论浙江华恩公司和本案被告人是否构成诈骗罪。如果海滨平台为虚假、非法的平台，则由于本案被告人是按照平台的规则，投入了近3000万元资金后加入的，故本案的被告人将成为平台违法犯罪的被害人。因此，海滨平台真实、合法的特点，决定了被告人及浙江华恩公司无法通过虚构事实、隐瞒真相的诈骗行为来获利，进而不构成诈骗罪。

1. 被告人符某1在全国200多家同类平台中，经审慎对比，选择了海滨平台，并实际投入超过2600万元全额购入9支邮票实物，该行为不存在任何违法性

海滨平台于2009年8月26日在河北省沧州市注册成立，并于2013年4

月15日经证监会部际联席会议检查并验收通过，由河北省人民政府办公厅印发的办字［2013］34号关于公布保留各类交易场所的通知予以保留。被告人符某1依据上述具有公信力的文件选择了海滨平台，按照海滨平台的要求从事邮票经纪业务，并以实际出资购得9支邮票的经纪权。这种基于政府行为的信赖本身不具有任何违法性，而且符某1的出资还导致其首先需要承担相应的风险，也反过来佐证符某1主观上不具有犯罪的故意。

2. 所有人在海滨平台上作出买卖邮票的判断，都是基于相同的、实时的数据作出，浙江华恩公司在操作上不存在虚构事实、隐瞒真相的情况

根据海滨平台的交易规则，任何一笔交易都会对某只邮票的价格波动产生影响，而所有的投资人——包括浙江华恩公司——均需要依据当下、实时的邮票价格作出买入、持仓、卖出的决定。这些决定是由投资人自己作出的，任何决定都可能面临盈利或亏损的风险，且任何决定都需要以自己的实际交易真实作出。因此，从邮票交易所依据的基础数据和购买邮票所支付的成本来说，浙江华恩公司与普通投资人是相同的、平等的，不存在虚构事实、隐瞒真相的情况。

3. 海滨平台为开放的交易平台，任何投资者都可以通过经纪公司开户，并自由选择平台上所有的邮票种类进行买卖交易，亏损者与盈利者之间不具有一一对应关系

浙江华恩公司在海滨平台上经纪的邮票共13支，而海滨平台上同期有超过300支邮票经各个不同的经纪公司在平台上供所有参与者交易。通过浙江华恩公司开户的投资者，并不限于买卖浙江华恩公司经纪的13支邮票。实际上，即使这些投资人只购买了浙江华恩公司提供的邮票，由于其自主选择权未受限制，故浙江华恩公司无须为这些投资人的投资决策负责。

因此，浙江华恩公司作为海滨平台众多经纪成员单位之一，按照平台制定的规则和要求，真实地投入资金、真实地经营邮票业务，不具有非法占有的故意和诈骗的行为。

（二）无论浙江华恩公司内的三个团队之间是否存在配合，普通投资者的亏损与三个团队的配合之间都不具有刑法上的因果关系

浙江华恩公司分为三个团队：营销团队负责向投资人介绍邮票投资行业，

吸引投资人关注及投资邮票；讲师团队负责与投资人交流行情趋势、技术指标、推荐邮票；操盘团队负责使用浙江华恩公司的账户买卖邮票。无论这三个团队是否相互配合，都不能因此而认定被告人构成诈骗罪。具体分析如下：

1. 三个团队之间不存在互相配合的情况

由于任一团队的行为均为独立的单一行为，不具有诈骗罪的全部构成要件，故不构成诈骗罪。营销团队只负责向客户宣传邮票投资行业，讲师团队只负责分享相关行情，操盘团队只负责操作相关交易，任一团队单独都与单个普通投资者的亏损没有刑法上的因果关系。

2. 三个团队之间存在互相配合的情况

按照起诉书的指控，营销团队“负责诈骗被害人到新浪直播间听讲师张某2、肖某等人讲课”“由业务员当托，与讲师互相配合，诱骗被害人购买符某1、张某1在平台上市的13种邮票”，操盘团队“操纵邮票价格的涨跌，以配合讲师对邮票价格走势的预测”，三个团队之间“通过操盘团队操纵邮票价格使邮票价格上涨，诱骗被害人买进邮票，而操盘团队高价位抛售邮票，操盘手再操纵邮票价格使邮票价格下跌，操盘团队则伺机在低价位购买邮票，从而骗取被害人资金”。这段指控至少预设了三个错误的客观事实：

（1）预设了邮票价格为虚假，而实际上邮票价格为真实

首先，浙江华恩公司并不能控制邮票的价格。任何投资者对邮票的每一次买卖，都会对邮票的价格产生一定的影响。浙江华恩公司利用自己的持仓优势和资金优势来买卖邮票，确实会对邮票的价格产生一定影响，但这种对价格的影响并不等于控制了邮票的价格。

其次，即使操盘团队能够随意操纵邮票价格的涨跌，也是通过浙江华恩公司使用自有资金实实在在进行买卖的结果，任何时间的邮票实际价格，都是当下的、真实的可交易价格，不存在虚构。对于投资人来说，任何价格都是真实的，都是可以交易的。对于浙江华恩公司来说，如果想要拉抬价格，需要不断以高于当前市场价的价格出资购买其他投资者手中的邮票，此时浙江华恩公司不但没有任何获利可言，还需要支付大量溢价；如果想要压低价格，则需要不断以低于当前市场价的价格卖出手中持有的邮票，此时浙江华恩公司将始终亏损。因此，浙江华恩公司的“操盘”行为，只能算是以巨额

的资金优势制造了邮票涨跌的事实，而不是虚构了邮票涨跌的事实。同样，投资人即使是基于信任讲师而参与了交易，也是因为讲师团队所述确实是客观事实，不存在虚构的情况。因此，起诉书认定邮票价格为虚假的指控是错误的。

（2）预设了风险就是亏损，而实际上风险还包括获利

普通投资者参与邮票的购买，不是参与了一个必然亏损的交易，而是参与了一个或盈利或亏损的投资。在海滨平台上购买邮票，本质上是一种投资行为，而所有的投资行为均存在盈亏风险，这种风险符合客观经济规律，也为法律所容许，世界上也不存在只有盈利没有亏损的投资。如果一个行为会导致两个截然相反的结果产生，那么这个行为就不是其中任一结果产生的必要条件。因此，起诉书认为参与风险就等同于现实亏损的指控是错误的。

（3）预设了被告人不但能随意控制邮票价格，还能随意控制投资人的买卖行为，而实际上被告人既不能控制邮票价格，也不能控制投资人的买卖行为

纵观整个投资人参与邮票交易的过程，真正导致投资人产生亏损的唯一原因，是投资人在邮票价格低于其买入价卖出。而是否决定买入卖出，都是投资人独立决定的，被告人无法控制普通投资人何时、以何种价格、买卖多少数量的邮票。而且，在海滨平台上购买的邮票，还可以选择提现，可以要求认领邮票实物，即使当前的邮票价格低于投资人的购买价，投资人还可以选择持仓等待价格回升或者兑换为实物。虽然不能否认投资人所作出的决定受到了讲师的影响，但这并不是唯一的影响因素，甚至无法判断、量化这种影响的程度。故起诉书认为被告人可以控制投资人的买卖行为的指控是错误的。

所以，即使三个团队之间存在配合的情况，被告人也没有虚构事实、隐瞒真相，普通投资人也应当认识到自己参与了一个有风险的投资行为，且其应当基于自己的情况综合判断并作出买入及卖出的决定。综上，无论浙江华恩公司的三个团队之间是否存在相互沟通的情况，都不成立诈骗罪。

二、起诉书据以指控被告人构成诈骗罪的证据严重不足

（一）现有证据不能证明被告人具有犯罪故意、实施了犯罪行为

1. 本案被告人在公安机关侦查阶段的供述的客观性存疑

在庭审过程中，所有被告人均不认可其在公安机关侦查阶段所作的有罪供述，理由是笔录所记载的内容并不是被告人当时所述的内容。由于被告人供述的合法性，不仅是指证据的取得方式合法，还包括证据的记录程序合法；供述的客观性，不仅是指被告人如实陈述行为的客观经过，还包括讯问人员如实记录了被告人对事实的陈述。本案中，由于数名被告人均提出自己的陈述与记录不一致的意见，故需要通过对讯问过程记录最客观的同步录音录像来证明讯问人员是否如实记录了被告人的陈述。

起诉书指控的本案的涉案金额为11亿余元，依据《刑法》第266条的规定及《关于办理诈骗刑事案件具体应用法律若干问题的解释》第1条的规定，本案被告人为“可能判处无期徒刑”的人，根据《关于办理刑事案件严格排除非法证据若干问题的规定》第10条第1款的规定“……对于可能判处无期徒刑、死刑的案件或者其他重大犯罪案件，应当对讯问过程进行录音录像”和《最高人民法院关于适用〈中国人民共和国刑事诉讼法〉的解释》（2012年版，已失效）第80条的规定，必要时，可以调取讯问过程的录音录像，并结合录音录像对上述内容进行审查。

因此，对于被告人在公安阶段供述的客观真实性，应当依据同步录音录像的内容来认定，再将结果与庭审时被告人的当庭陈述进行比对，进而对被告人是否具有如实供述、供述是否客观真实进行综合判断。

2. 本案以被追诉的浙江华恩公司其他团队成员的供述作为本案的证人证言，导致无法对其客观性进行有效质证

本案有大量所谓“证人证言”，包括但不限于刘某3、赵某2、张某4、杨某3等人，均已被公安机关以涉嫌利用海滨平台诈骗为由追诉。这些人的供述，无论何时，都属于《刑事诉讼法》（2012年版，现为第30条）第48条证据种类第5项中的“犯罪嫌疑人、被告人供述和辩解”，不因更换了案件归属就改变其证据种类。之所以要划分证据种类，是因为不同的证据有不同

的证明效力和质证方式。被告人供述需要在开庭时与被告人当庭质证，这不但是查明证据合法性、客观性、关联性的要求，还是认定被告人是否如实供述、是否翻供、是否具有良好的认罪态度的依据。因此，本案的公诉人以这些被告人的供述作为本案的"证人证言"来规避对被告人供述的质证程序，违反了《最高人民法院关于适用〈中国人民共和国刑事诉讼法〉的解释》第80条的规定，这些"证人证言"不能作为证据在本案使用。

3. 本案的电子数据不具有合法性，不能作为定案的依据

根据2014年5月4日《最高人民法院、最高人民检察院、公安部关于办理网络犯罪案件适用刑事诉讼程序若干问题的意见》（现已失效）的规定，"收集、提取电子数据，应当由二名以上具备相关专业知识的侦查人员进行。取证设备和过程应当符合相关技术标准，并保证所收集、提取的电子数据的完整性、客观性"（第13条）；"收集、提取电子数据，能够获取原始存储介质的，应当封存原始存储介质，并制作笔录，记录原始存储介质的封存状态，由侦查人员、原始存储介质持有人签名或者盖章；持有人无法签名或者拒绝签名的，应当在笔录中注明，由见证人签名或者盖章。有条件的，侦查人员应当对相关活动进行录像"（第14条）；"收集、提取电子数据应当制作笔录，记录案由、对象、内容，收集、提取电子数据的时间、地点、方法、过程，电子数据的清单、规格、类别、文件格式、完整性校验值等，并由收集、提取电子数据的侦查人员签名或者盖章。远程提取电子数据的，应当说明原因，有条件的，应当对相关活动进行录像。通过数据恢复、破解等方式获取被删除、隐藏或者加密的电子数据的，应当对恢复、破解过程和方法作出说明"。（第16条）

由于电子数据具有易篡改、易替换、易灭失的特点，故如果电子数据的收集、提取过程没有严格按照法律规定进行，则该电子数据的合法性、客观性将受到质疑。本案的电子数据的收集、提取，没有由具有相关专业知识的侦查人员进行，没有对取证设备和过程是否符合相关技术标准作出证明或说明，没有记录原始存储介质的封存状态，没有侦查人员、原始存储介质持有人签名或者盖章，没有侦查人员对相关取证活动的录像，制作的笔录没有记录收集、提取电子数据的清单、规格、类别、文件格式、完整性校验值。因

此，本案的电子数据不能作为定案的依据。

（二）现有证据不能证明哪些人才是“被害人”

诈骗犯罪的被害人，必须是基于行为人虚构事实、隐瞒真相而产生认识错误，作出交付财产的行为，并因此而产生财产损失的人。但是，起诉书及变更起诉书所认定的54566名被害人中，无法具体认定哪些是通过浙江华恩公司的营销人员而了解邮票市场的、哪些是听过讲师的课的、哪些是基于讲师的宣传而买卖了邮票的、哪些是只买卖了浙江华恩公司的13支邮票的、哪些是买卖了邮票还亏损了的等。在这些内容都无法认定的情况下，将所有参与邮票买卖的人认定为本案的被害人，于法无据。

（三）据以认定犯罪数额的金安鉴［2018］13号审计鉴定检验报告不具有合法性及客观性，不能作为定案依据

1. 金华安泰会计师事务所及吴某和胡某2二人不具有司法鉴定资格

金华安泰会计师事务所没有取得司法鉴定许可证，鉴定人吴某和胡某2只具有注册会计师资格，并没有司法鉴定人执业证，故其没有资格接受司法机关的委托，进行司法鉴定。

2. 检验依据的数据来源不具有真实性

金安鉴［2018］13号审计鉴定检验报告所依据的鉴定材料为“MD5值为1DA17A87B05335C81F130BCF2BD0C714”的压缩文件，但并没有证据证明该文件的收集、提取是否由二名以上具备相关专业知识的侦查人员进行，没有证据证明该文件的取证设备和过程是否符合相关技术标准，也没有证据证明该文件原始存储介质的封存状态。因此，该鉴定材料的合法性和客观性存疑，据此作出的审计鉴定也不足以采信。

3. 审计鉴定的过程和方法不符合相关专业的规范要求

作为刑事诉讼证据之一的鉴定意见，是各行业的专家对案件中的专门性问题所出具的专门性意见，其鉴定过程和方法必须首先体现其专业性，同时必须要符合相关专业的规范要求。

金安鉴［2018］13号审计鉴定检验报告是按照委托人金华市公安局江南分局出具的审计运算要求进行的审计，该份要求详细列明了审计所依据的数

据及计算方法，金华安泰会计师事务所完全按照公安机关的要求计算出结果。既然数据来源、数据使用范围、数据的计算方式都已经由公安机关指定清楚，那么所谓的鉴定机构无非只是一个“计算器”，既没有体现鉴定人的专业性，也谈不上符合相关专业的规范要求。

事实上，金安鉴［2018］13 号审计鉴定检验报告也没有列明其审计鉴定所依据的法律法规、行业规范，故该审计鉴定检验报告不符合鉴定意见的证据标准，不能作为定案依据。

4. 不应当将交易手续费计算在涉案 13 种邮票的亏损额中

金安鉴［2018］13 号审计鉴定检验报告所依据的计算方法为：亏损额 = 买入金额 + 手续费 + 配售金额 + 配售手续费 - 卖出金额，并剔除了亏损额小于 0 的交易。

本案被告人被指控为诈骗罪，那么对被害人损失数额的计算也应当符合诈骗罪的构成要件，即被害人的交付必须是在产生认识错误的情况下进行的，如果被害人对交付的原因没有认识错误，则不属于被诈骗财物。在本案中，手续费为每笔交易均存在的固定支出，无论普通投资人对邮票的未来价格持有什么样的预期，对于手续费部分均不具有任何认识上的错误，故不应当将其按照投资人的亏损来计算。

三、本案在法律适用上也存在问题

（一）本案不成立共同犯罪或犯罪集团

1. 被告人之间因不具有犯罪通谋，而不成立共同犯罪

《刑法》第 25 条规定：“共同犯罪是指二人以上共同故意犯罪。二人以上共同过失犯罪，不以共同犯罪论处……”根据该规定，成立共同犯罪必须具备三个条件：（1）二人以上；（2）有通谋的犯罪故意；（3）对他们的共同犯罪行为会发生危害社会的结果，都抱有希望或者放任的态度。

按照上述标准，本案的被告人并不构成共同犯罪。

第一，法律所规定的“通谋”，其前提条件是要互相认识、互相了解他人所从事的工作内容和性质，并认识到相互间存在配合的情况。现有证据

证明，被告人只是做自己的工作，并不知晓其他团队的存在，也不知道其他团队所做的具体事项，被告人之间并不具有通谋的情况。不具有通谋，则不成立共同犯罪。

第二，除了通谋外，还需要被告人对将会发生危害社会的结果，抱有希望或者放任的态度，具体到本案，是指被告人对自己将要通过虚构事实、隐瞒真相的方式诈骗他人财产的行为具有事先的认识，并认识到其他被告人与自己一起在共同实施诈骗。事实上，营销团队成员只负责向客户介绍邮票投资，讲师团队只负责分享投资知识，操盘团队只负责按要求操作买卖，并无证据证明被告人是为了实施诈骗而参加工作并分工合作。

2. 浙江华恩公司并不是为犯罪而成立的组织，被告人在单位内的不同职责并不是为了犯罪而分工，不成立犯罪集团

根据《刑法》第 26 条第 2 款的规定："三人以上为共同实施犯罪而组成的较为固定的犯罪组织，是犯罪集团。"犯罪集团的成员也必须具有实施犯罪的共同故意。如果行为人之间就所从事的行为没有犯罪认识，没有通谋的故意，没有为了一个共同的犯罪目的而配合、分工，难以认定其构成了犯罪集团。

（二）被告人利用邮票的持仓优势及资金优势买卖邮票并从中获利不是诈骗行为

本案被告人对邮票市场的买卖操作，其行为手法更像是《刑法》（2017 年版）第 182 条规定的操纵证券、期货市场行为，即第 182 条第 1 款第 1 项"单独或者合谋，集中资金优势、持股或者持仓优势或者利用信息优势联合或者连续买卖，操纵证券、期货交易价格或者证券、期货交易量的"。本案被告人利用自己的资金优势与持仓优势，联合或连续买卖邮票，导致邮票价格在被告人行为的影响下涨跌。

但从《刑法》的逻辑可以看出，第 266 条的诈骗罪，隶属于第五章"侵犯财产罪"，而第 182 条的操纵证券、期货市场罪，则是在第三章"破坏社会主义市场经济秩序罪"第四节"破坏金融管理秩序罪"之中。这种法条设置说明，诈骗行为所侵犯的客体是公私财产的所有权，而操纵行为所侵犯的

客体是社会主义市场经济中的金融管理秩序，二者是完全不同的。因此，即使当前的《刑法》并没有规定“操纵邮票市场罪”，也不能认定被告人的行为属于诈骗行为，否则将属于诈骗罪的滥用。

四、符某2单独不构成诈骗罪，也不构成诈骗罪的共同犯罪，对符某2构成犯罪的指控和对其涉案金额的指控均是错误的

第一，符某2并不直接与其他普通投资人接触，只是完成杨某1交待的工作任务，符某2自身的行为并不满足成立诈骗罪的所有构成要件，故其单独不构成诈骗罪。

第二，符某2接受浙江华恩公司的工作安排，不直接等同于参与犯罪集团犯罪。作为只单向按照公司要求从事具体工作的人员，符某2并不为其没有参与的公司的决策承担责任。

第三，符某2只按照要求操作了“政协成立四十周年”和“新笋翠竹”两种邮票，即使要认定符某2的责任，也应当按照《刑法》第26条第4款的规定，按照其所参与的或者组织、指挥的全部犯罪处罚。因此起诉书指控的符某2的涉案金额为110995.71万元，该指控没有任何事实和法律依据。

第四，符某2在浙江华恩公司的收入为每月1万元，该收入为其劳动所得，与投资人的财产没有任何关系，没有非法所得。

综上所述，符某2作为浙江华恩公司基层员工，没有非法占有他人财产的故意，没有欺骗行为，没有非法所得，也没有与他人共同从事犯罪行为，不应认定其构成诈骗罪。恳请人民法院坚持罪刑法定原则，坚持排除合理怀疑的证明标准，依法判处符某2不构成诈骗罪。

第九章

上市公司虚假陈述犯罪的司法认定

——星云股份有限公司欺诈发行股票、违规披露、不披露重要信息案辩护意见

[辩护逻辑]

在上市前后连续实施的财务造假行为分别触犯了欺诈发行股票罪和违规披露重要信息罪，但该系列行为系牵连犯，在法律对上述犯罪处罚没有特别规定的情况下，应从一重罪处罚，不应数罪并罚。

[案情]

2011 年末，为实现公司上市发行股票的目的，星云股份有限公司实际控制人、被告人文某与被告人陈某共谋，决定伪造有关财务事项。被告单位星云股份有限公司在文某、陈某的安排下，采取伪造财务凭证等手段虚构了2011 年至 2013 年 6 月间的利润和现金流量等财务数据，并在《首次公开发行股票并在创业板上市招股说明书》中编造重大财务虚假内容，于 2014 年 1 月 3 日骗取了证监会的股票发行核准。2014 年 1 月 27 日，星云股份有限公司股票在深圳证券交易所创业板挂牌上市。

2013 年 7 月至 2014 年 12 月间，被告单位星云股份有限公司为了掩盖之前通过伪造财务事项等方式欺诈发行股票的犯罪事实，继续粉饰公司财务状况，由文某、陈某组织公司财务部门及其他部门的工作人员沿用前述手段继

续伪造财务事项。星云股份有限公司在作为上市公司依法负有信息披露义务的情况下，分别于2014年4月15日、2014年8月15日、2015年4月25日向公众披露了虚假和隐瞒重要事实的2013年年度报告、2014年半年度报告、2014年年度报告。

2016年8月26日，文某、陈某主动到案。到案后，均如实供述了其犯罪事实。

检察机关据此指控星云股份有限公司、文某、陈某构成欺诈发行股票罪、违规披露重要信息罪。

［辩护意见主文］

本案被告人实施的犯罪行为系牵连犯，在相关法律没有特别规定的情况下，应从一重罪处罚，不应数罪并罚。文某、陈某在接到公安机关的询问通知书后，主动到公安机关指定地点接受询问，并如实供述犯罪事实的行为应认定为自首。

具体意见如下：

一、对星云股份有限公司、文某、陈某的行为不应以欺诈发行股票罪、违规披露重要信息罪数罪并罚。上市发行后的违规披露重要信息行为是为了掩盖和维系股票欺诈上市发行，与之前的行为系牵连犯，在法律没有特别规定的情况下，应按照牵连犯从一重罪处罚

2010年5月7日《立案标准（二）》（已失效）第6条规定："依法负有信息披露义务的公司、企业向股东和社会公众提供虚假的或者隐瞒重要事实的财务会计报告，或者对依法应当披露的其他重要信息不按照规定披露，涉嫌下列情形之一的，应予立案追诉：……（六）致使不符合发行条件的公司、企业骗取发行核准并且上市交易的……"按照该司法解释，违规披露重要信息罪与欺诈发行股票罪存在竞合关系，违规披露重要信息罪中包含了在招股说明书中隐瞒重要事实或者编造重大虚假内容从而使股票欺诈发行上市的情形，因此围绕股票欺诈发行上市而采取的一系列违规披露重要信息行为，彼此牵

连，合为一体，不应被人为拆分成数罪。

被告单位后来相关财务数据虚假披露行为事实上是为了掩盖和维持欺诈上市发行。对于此事实，专家们注意到公诉机关的指控也予以认可。起诉书载明："2013 年 7 月至 2014 年 12 月间，被告单位星云股份有限公司为了掩盖之前通过伪造财务事项等方式欺诈发行股票的犯罪事实，继续粉饰公司财务状况……沿用前述手段继续伪造财务事项。"

综合相关司法解释和本案事实，本案中上市发行前后的行为符合刑法上的牵连犯。牵连犯，是指以实施某一犯罪为目的，其方法行为或结果行为又触犯其他罪名的犯罪形态。具体地说，是指行为人主观上意图犯一罪，但其实施的方法行为或结果行为又触犯了其他不同的罪名。具体到本案，各被告是以连续财务造假并虚假披露的手段实现并维系股票欺诈发行上市，前后行为之间系连续整体，且作为手段共同服务于股票欺诈发行上市这一目的，前后彼此之间具有牵连关系。在相关法律没有特别规定的情况下，应按照牵连犯认定各被告的犯罪行为，从一重罪处罚，不宜数罪并罚。

二、文某、陈某构成自首

《最高人民法院关于处理自首和立功具体应用法律若干问题的解释》第 1 条第 1 项规定："自动投案，是指犯罪事实或者犯罪嫌疑人未被司法机关发觉，或者虽被发觉，但犯罪嫌疑人尚未受到司法机关讯问、未被采取强制措施时，主动、直接向公安机关、人民检察院或者人民法院投案……"

文某、陈某在接到询问通知后主动到案符合成立自首所需的自动投案条件。首先，询问通知既不是讯问，也不是任何一种强制措施，因此接到询问通知后到案符合上述司法解释第 1 条第 1 项规定的未受到讯问、未被采取强制措施之前的时间段。其次，询问通知不具有任何强制性，文某、陈某在接到通知后具有选择的余地，既可以按通知要求选择接受询问，也可以不到案甚至还可能逃离，但既然选择了按通知要求到案，则足以表明其到案的主动性、自动性。最后，事实上，文某和陈某也并非是公安机关强制到案。公安机关出具的到案经过以及文某、陈某的询问笔录可以证明二人是主动到案。同时，辽宁省公安厅在提请批准逮捕书（辽公（经）提捕字〔2016〕001 号）中也明确载明“8 月 26 日，我厅依法对文某、陈某下达询问通知书，二人主动到案”。

相关询问笔录证实，文某、陈某到案后如实供述了相关事实。对此，公诉机关亦予以认可，起诉书载明：“到案后，均如实供述了其犯罪事实。”文某、陈某接到询问通知书后自己主动到案，到案后如实供述，构成自首。

因此，被告人在上市前后连续实施的财务造假行为分别触犯了欺诈发行股票罪和违规披露重要信息罪，但该系列行为系牵连犯，在法律对上述犯罪处罚没有特别规定的情况下，应从一重罪处罚，不应数罪并罚。文某、陈某在接到公安机关询问通知书后，主动到公安机关指定地点接受询问，并如实供述犯罪事实的行为构成自首。

第十章

非法经营期货行为的司法认定

——包某1非法经营期货案辩护意见

[辩护逻辑]

在“国家规定”层面，期货业务只有期货经纪业务、期货投资咨询业务以及证监会规定的其他业务三种类型。一方面，“国家规定”中事实上并无“非法从事国际期货交易”中的所谓国际期货交易业务；另一方面，期货居间人行为，与非法经营期货经纪业务、期货投资咨询业务以及证监会规定的其他业务存在相当的距离，在认定非法经营期货业务时应当予以审慎处理。在被告人已经签署认罪认罚具结书的情况下，辩护人有权进行独立辩护，并对量刑建议等问题提出异议，提出罪轻辩护意见，维护被告人合法权益。

[案情]

起诉书认定：2018年6、7月份以来，被告人包某1、陈某等人在无期货、证券从业资质的情况下，招募被告人包某2、潘某1、曾某、王某、吴某、李某、潘某2、汪某、田某等人，成立锐丘商贸有限公司（后又成立亚金健康管理有限公司）非法从事国际期货交易。公司下设客服部、财务部、运营部、渠道部。被告人包某2负责管理客服部并负责核对财务账目（后由被告人王某负责），被告人田某等人负责代理商返佣，叶某等人负责客户出入金及客服工作；被告人陈某、潘某1负责购买美金及风控工作；运营部负责在网上发帖推广元达期货；渠道部被告人吴某、曾某、李某、潘某2、汪某等人负责招揽代理商和客户，许某等人负责在网上宣传元达国际期货平台。公司在元达国际期货（香港）有限公司开设主账户，招揽代理商在该账户下分设子账户、孙账户。招揽社会公众成为子账户客户，使用“新腾飞”“期货推手”等软件作为公司期货交易系统，采用保证金制度给客户配资，以集中交易的方式进行无实物交割的标准化合约交易，交易资金流入元达期货（香港）有限公司非法从事期货、股指交易，从中赚取手续费差价，经审计，公司得入金273亿元，出金274亿元。

起诉书认为：被告人包某1伙同陈某、吴某、李某、潘某2、汪某、曾某、包某2、王某、田某、潘某1等违反国家规定，未经国家有关主管部门批准非法经营期货业务，情节特别严重，其行为触犯了《刑法》第225条，犯罪事实清楚，证据确实、充分，应当以非法经营罪追究其刑事责任，系共同犯罪，同时适用《刑法》第25条第1款之规定，被告人包某1、陈某系主犯，被告人吴某、李某、潘某2、汪某、曾某、鲍某、王某、田某、潘某1系从犯，同时适用《刑法》第26条、第27条之规定，各被告人系坦白，同时适用《刑法》第67条第3款之规定，被告人潘某1系缓刑考验期内犯新罪，同时适用《刑法》第67条、第69条的规定。被告人包某1、陈某、吴某、李某、潘某2、汪某、曾某、包某2、王某、田某、潘某1均认罪认罚，依据《刑事诉讼法》第15条的规定，可以从宽处理。根据《刑事诉讼法》第176条的规定，提起公诉，请依法判处。

[辩护意见主文]

在尊重被告人的认罪认罚、尊重检察机关的法律意见的基础上，辩护人发表总体意见：被告人包某1的涉案行为具有民事居间人行为的实质特征，该行为似乎并未被证券监管机构的认定函确认违法，同时似乎也没有在“国家规定”层面被界定为违法行为，甚至在现阶段的规范框架下属于非受监管的领域。在没有明确的司法解释性规则确认此种类型的行为构成非法经营罪或者非法经营罪帮助犯的情况下，恳请司法机关予以充分考虑，认定其情节轻微、从犯等从宽量刑的一系列事实、证据以及法律条件。

同时，被告人包某1签署认罪认罚具结书，公诉机关出具量刑建议书。

根据2019年《最高人民法院、最高人民检察院、公安部、国家安全部、司法部关于适用认罪认罚从宽制度的指导意见》第41条规定：

量刑建议的调整。人民法院经审理，认为量刑建议明显不当，或者被告人、辩护人对量刑建议有异议且有理有据的，人民法院应当告知人民检察院，人民检察院可以调整量刑建议。人民法院认为调整后的量刑建议适当的，应当予以采纳；人民检察院不调整量刑建议或者调整后仍然明显不当的，人民法院应当依法作出判决。

基于此，辩护人尊重被告人的认罪认罚，尊重检察机关的法律意见，仅就影响本案被告人包某1量刑的法律问题，提出独立辩护意见与商榷性的看法。

一、行政监管机构出具的认定函，能否证明被告人包某1“非法经营期货业务”，明显存在商榷的余地

《浙江证监局关于反馈包某1等人员和金华亚金健康管理有限公司等机构相关情况的复函》（以下简称《证监局复函》）：截至函复日，包某1……均不具备期货从业资格；金华亚金健康管理有限公司（统一社会信用代码：91330701MA2E63BX47）、金华锐丘商贸有限公司（统一社会信用代码：91330701MA29LLLC2W）和金华睿泽网络科技有限公司（统一社会信用代码：91330701MA211RFK79Y）未向中国证监会办理过期货业务资格申请，不具备经营期货业务的资质，也不属于经中国证监会批准设立的期货交易所或其他期货交易场所。

可见，《证监局复函》只是证明：被告人包某1没有期货从业资格、没有申请过期货业务许可、没有经营期货业务资质；涉案相关公司不属于监管机构批准的期货交易所或者其他期货交易场所。但这些都是客观事实，一方面被告人本身就承认，另一方面实际上也没有必要由监管部门出具认定函予以确认。

本案中需要证明的核心事实是，被告人实施的行为，是否属于“非法经营期货业务”。然而，《证监局复函》并未就此问题予以认定。

所以，至少在行政违法性认定层面，本案中是否存在能够直接证明被告

人涉案行为构成“非法经营期货业务”的证据，是值得商榷的。

二、本案中有证据表明，被告人的行为本质上是居间人行为，而该行为在中国境内目前属于非受监管的市场行为，将之认定为非法经营期货业务，似乎值得商榷

本案中的银行账户交易流水、转账记录、操作界面截图、客户聊天记录、审计报告、证人证言、被告人的供述和辩解、被告人公司与元达期货公司之间的书面协议等一系列证据可以证明：（1）被告人、元达期货公司、客户之间的法律关系；（2）被告人包某1等人收取费用的法律属性；（3）被告人包某1等人的行为性质及其法律责任范围。具体而言——

从法律关系层面分析，本案中被告人（公司）与元达期货公司之间就是居间法律关系，即被告人包某1等人（公司）属于居间人，受期货公司（本案中为元达期货公司）委托，为元达期货公司提供订立期货经纪合同的中介服务（本案人被告人中介服务的双方为元达期货公司与客户们）。也就是说，客户与元达期货公司之间是期货经纪合同的法律关系——这才是属于非法经营（期货经纪业务）的实质内容。被告人包某1等人（公司）与元达期货公司居间合同的法律关系，并非现行国家规定（《期货交易管理条例》）以及《刑法》所明确禁止的行为。被告人包某1与客户之间至多也只是出借账户的民事法律关系。

从收费属性层面分析，本案中被告人（公司）是按照双方的书面约定从元达期货公司收取报酬，该费用的法律属性即居间费。居间费对应的服务内容是居间服务（中介服务），即行为人撮合期货公司与客户之间缔结期货经纪合同——这一费用的对应行为并非非法经营期货业务行为。居间费的支付方为期货公司——这一费用本身并非直接来源于非法经营期货经纪业务的期货交易手续费等。

从法律行为性质与法律行为责任层面分析，本案中被告人包某1等人（公司）的行为属于期货市场中广泛存在的居间民事法律行为（并非金融业务行为），当前并不受到中国境内的金融法律法规的监管。该种居间行为承担基于居间服务所产生的民事责任，并无金融法律法规层面的行政法律责任。

因此，在这样的法律法规、法律行为性质、法律责任等条件下，将其认定为非法经营期货业务，存在明显可以商榷之处。

三、从现有的规范层面进行分析，当前正在推进的监管立法证明：为期货公司与客户提供中介服务并撮合双方签订期货经纪合同的行为，是民事居间行为，当前并未受到金融监管，并不需要金融监管机构的许可（批准）

第一，市场中的一般自然人等并无期货从业资质的主体的居间人行为，目前就是处于存在但并未纳入监管的“状态”。

2020 年 12 月 1 日，中国期货业协会发布“关于就《期货公司居间人管理办法（试行）》公开征求意见的公告”。《期货公司居间人管理办法（试行）》（征求意见稿）按照“尊重现状，摸清底数，问题导向，数据依托，规范管理”的原则，以“统一管、规范管”为导向，旨在加强对期货公司与除证券公司以外的机构及自然人开展居间合作的自律管理，规范居间人行为，保护投资者合法权益，促进期货行业健康发展。

第二，中国期货业协会在《期货公司居间人管理办法（试行）》（征求意见稿）起草说明（以下简称起草说明）中的大段阐述，以及《期货公司居间人管理办法（试行）》（征求意见稿）中的大量规范表述等均足以证明，为期货公司提供居间服务当前并没有受到监管，从而也不可能属于未经许可的非法经营期货业务行为。

首先，起草说明指出：为落实中国证监会在作风建设工作中提出的“希望协会研究对期货居间人的自律管理工作、切实解决行业存在的痛点难点堵点问题”的要求，加强对期货公司与除证券公司以外的机构及自然人开展居间合作的自律管理，规范居间人行为，保护投资者合法权益，促进期货行业健康发展……

可见，期货公司居间人目前连行业协会层面的自律监管规定都没有，更不存在非法经营罪的“国家规定”。

其次，起草说明指出：考虑到期货行业居间人实际存在的乱象和不规范问题，参考国内证券、保险等行业及境外有关经纪人均已纳入监管范围的实践，协会作为行业自律性组织，有必要、有责任制定全国统一的自律管理规则，把居间人纳入自律管理范围，厘清居间合作边界。这既对改善期货公司竞争环境、提高期货市场透明度具有重要意义，也是协会贯彻《中共中央国务院关于新时代加快完善社会主义市场经济体制的意见》关于“构建适应高质量发展要求的社会信用体系和新型监管机制”精神，落实证监会作风建设工作相关要求，回应行业对解决居间人问题日益高涨呼声的重要举措。

可见，期货公司居间人目前没有纳入行政监管范围，没有纳入自律管理范围。

最后，起草说明指出：通过明确与期货公司开展居间合作的居间人条件，提高居间人的合规和专业化水平。为强化对机构居间人的管理，引入了举荐制度，机构居间人只能与最近一期分类评级不低于B类BBB级的期货公司开展居间合作，也必须经最近一期分类评级不低于B类BBB级的期货公司举荐才可以成为协会联系会员。同时，为引导居间人进一步提升专业水平，要求机构居间人的工作人员及自然人居间人均须取得期货从业人员资格考试成绩合格证以及完成协会提供的培训课程。《期货公司居间人管理办法（试行）》（征求意见稿）第7条规定：【个人合作条件】期货公司应当与符合下列条件的个人开展居间合作：（一）年满18周岁，具有完全民事行为能力；（二）品行端正，具有良好的职业道德；（三）承诺遵守法律法规、《中国期货业协会章程》、《期货从业人员执业行为准则》及本办法等规定；（四）取得期货从业人员资格考试成绩合格证；（五）已完成协会要求的培训课程；（六）协会规定的其他条件。

可见，当前对于期货公司居间人并无任何从业资质的规范要求。

第三，根据《民法典》、《期货交易管理条例》、《最高人民法院关于审理期货纠纷案件若干问题的规定》、《证券期货市场诚信监督管理办法》及《中国期货业协会章程》，《期货公司居间人管理办法（试行）》（征求意见稿）的规范制定进程，以及裁判文书网上大量关于期货公司居间人的判决，可以看到，居间人是期货市场中客观存在的民事法律现象，居间人行为属性与行为内容属于民事法律行为，居间人是部分客户与期货公司发生合同关系的桥梁，居间收入主要依靠期货公司的手续费返还（返佣）或者支付报酬。因此，居间人或者居间行为与经营期货业务行为之间存在本质区别。

四、《期货交易管理条例》对于经营期货业务的性质、内容、范围进行了明确的规定，而本案中被告人的行为是否属于《期货交易管理条例》明确规定的经营期货业务，显然存在商榷的余地

《期货交易管理条例》第15条第2款规定：未经国务院期货监督管理机构批准，任何单位或者个人不得设立或者变相设立期货公司，经营期货业务。

《期货交易管理条例》第17条第1款规定：期货公司业务实行许可制度，由国务院期货监督管理机构按照其商品期货、金融期货业务种类颁发许可证。期货公司除申请经营境内期货经纪业务外，还可以申请经营境外期货经纪、期货投资咨询以及国务院期货监督管理机构规定的其他期货业务。《期货公司监督管理办法》《期货从业人员管理办法》等国务院期货监督管理机构规定中实际上也没有进一步规定其他期货业务的具体内容。

可见，在“国家规定”（《期货交易管理条例》）层面，期货业务只有期货经纪业务、期货投资咨询业务以及证监会规定的其他业务三种类型。因此，一方面，“国家规定”中事实上并无起诉书事实认定部分所描述的“非法从事国际期货交易”中的所谓国际期货交易业务；另一方面，本案中被告人包某1等实施的居间行为，与非法经营期货经纪业务、期货投资咨询业务以及证监会规定的其他业务存在相当的距离。

五、本案中被告人包某1等人所实施的行为，与非法经营期货业务存在相当的差异。构成共犯的客观责任基础存在需要商榷之处；即使认定其构成共同犯罪，亦应当认定为从犯

正是由于上述居间行为与非法经营期货经纪业务行为之间的区别，辩护人提请法庭重点关注被告人包某1行为的社会危害性程度，并恳请在实际量刑时予以充分考虑。

退一步分析，仍然提请法庭予以关注以下问题：违反国家规定，未经中国证监会批准非法经营期货业务，是期货领域非法经营罪的实行行为（或者称为正犯行为）。从本案的基本事实来看，具有一定事实基础与法律条件从

而具有构成非法经营罪实行犯（正犯）可能的，只有元达期货公司。本案中的被告人包某1即使构成犯罪，在规范评价上显然都是非实行犯（共犯）。从刑法共犯原理的角度分析，帮助犯的行为责任是有客观边界的，并非所有促进实行行为（本案中元达期货公司的非法经营期货业务行为）完成的行为都可以被评价为共犯（帮助犯）。只有与促进非法经营期货经纪业务直接关联的行为，才应当被评价为非法经营期货经纪业务的帮助犯行为——例如，提供互联网接入、服务器托管、网络存储空间、通讯传输通道、软件开发、技术支持、结算清算等服务。由于本案中被告人包某1等人并未直接涉及期货经纪行为，同时也没有实施期货交易技术行为、期货交易结算清算行为，认定居间人构成帮助犯，值得商榷。

再退一步分析，即使认定被告人包某1构成帮助犯，从其所处的地位、所起到的作用分析，理应认定为处于从属地位、起到较小作用而构成从犯。

六、本案中相关数额认定值得商榷

金华安泰会计师事务所有限责任公司审计鉴定检验报告指出：

（五）2688柜台、8179柜台、9519柜台电子数据，元达国际期货有限公司纸质数据买、卖、平仓盈亏、手续费金额情况如下：

交易所共计买入总额27,337,086,326.00元、卖出总额27,418,235,194.00元。各交易所买卖情况如下：

1. 2688柜台涉及5个交易所（CME、EUREX、HKEX、ICE、SGXQ），开买入金额4,106,688,050.02元、平卖出金额4,107,533,969.82元；平买入金额4,052,316,050.98元、开卖出金额4,054,258,861.06元。

2. 8179柜台涉及4个交易所（CME、EUREX、HKEX、SGXQ），开买入金额6,564,972,612.96元、平卖出金额6,562,752,842.59元；平买入金额8,358,369,107.46元、开卖出金额8,363,469,112.06元。

3. 9519柜台涉及4个交易所（CME、EUREX、HKEX、SGXQ），开买入金额1,954,641,307.98元、平卖出金额1,950,900,240.10元；平买入金额2,088,189,976.39元、开卖出金额2,089,048,525.23元。

然而，起诉书却认定："经审计，公司得入金273亿元，出金274亿元。"

上述数额认定显然存在疑问。审计报告中的273亿元、274亿元是交易的期货合约总价值（双边），而起诉书则将上述金额认定为入金数额、出金数额，明显错误。

综上分析，恳请司法机关充分考虑上述因素，对被告人包某1适用更为轻缓的量刑。